全国1万社を巡った僕が見つけた⛩

開運！あやかり神社

神社巡拝家
佐々木優太

双葉社

はじめに

こんにちは、神社巡拝家の佐々木優太です。
日々、日本全国の神社を巡っています。そこで見た景色や、聞き得た話などをお伝えする講演会を行ったり、自身がパーソナリティーを務めるラジオ番組でお話をさせていただいたりしています。

僕は平成22年から30年までの8年間で、北は北海道から南は沖縄県まで、全国1万社以上の神社を参拝してきました。
神社を参拝するために、47都道府県のすべてに赴きました。その旅のなかで受けた御朱印は、今や3600を超えています。単純計算すると、御朱印を受けた神社だけでも年間450社以上、それ以外の神社も含めると、年に1250社以上を参拝してきたことになります。

そもそも、僕がなぜこんなにも多くの神社を巡るようになったのか。そして、なぜ「神社巡拝家」になったのか。一言ではとても説明ができないので、少し長くなりますが、今に至るまでのお話をさせてください。

昭和59年7月、僕は兵庫県に生まれました。家庭環境が複雑で、何度も転居を経験しました。親はつねにお金の心配をしていましたし、その日、食べる物に困る日もあるほどでした。

食べ物や服、そして人間関係まで、お金がないと困ることばかり。物心がついた頃から、すでにそう思い込んでいました。転校先では、学校の友達に貧困や家庭環境を悟られないように、明るく振る舞う術も身に付けました。

お金への執着や、親を含めた大人たちとのトラウマなどの多くは、この頃に染み付いてしまったのかもしれません。

そんな子供時代を過ごし、高校生になろうかという頃。あるきっかけで、僕は初めて楽器、そして音楽という世界に出会います。

それまで内に溜め込んでいた想いを吐き出すように、僕は音楽に没頭していきました。ついには高校卒業後も就職はせず、夢を追いかけて上京をすることになったのです。

上京当時の僕の全財産は、ギターとハーモニカ、そして現金3万5000円だけ。東京駅に着いたときには本当にそれしか持っていませんでした。それでも人に助けていただき、なんとか四畳半一間の風呂なしアパートで生活をスタートさせることができました。

これが、ちょうど20歳の頃です。

しかし生活の場が変わっても、お金のない生活は続きました。そんな日々のなかで、いつしか僕は夢のためではなく、生活のためだけに働くようになっていきます。

心にあふれてくる迷いや、どうにもならない現実を振り払うように、音楽活動もやめ、がむしゃらに働きました。そのうち、幸運にもフリーランスでやっていたイベントディレクターの仕事がうまくいき、大きなお金を手にできるようになりました。

貧困に苦しんだ幼少時代や、上京後、アルバイトに明け暮れた頃には見たこともなかったような高いスーツを身にまとい、部屋には念願だった高級ギターを何本も飾りました。大きな冷蔵庫にテレビ、ソファーとホームシアターセット、イタリア製の大型バイクまで、欲しいものはなんだって手に入れることができました。

そうして、物にあふれた部屋のソファーに腰をおろしたときに、僕はふとこう思ったのです。

「あれ？　何も満たされない……」

幼少期、思春期、上京してからもつねに付きまとってきた、お金に関する苦労。それを解決すれば、きっと楽に生きられるはず。そう思ってきたし、自分にはお金への深い執着があるとも思ってきました。でも、いざ大金を手にしてみても、心はちっとも満たされなかったのです。

「僕はお金に執着していたんじゃない。本当は、お金になんて興味がなかったんだ」

そのことに気が付いた瞬間、バリバリバリッと全身を覆っていた固い皮のようなものが、剥がれ落ちていくのがわかりました。

それからしばらくしたある夜、とても不思議なことが起こりました。

いつものように自宅で寝ていた僕は、急に布団の上に立ち上がったのです。体が勝手に動いたような感覚でした。さらにそのとき、ある言葉が頭に浮かんできます。

「今すぐ伊勢神宮に行かなければ……」

小説や映画でよくあるお告げとはまた違う、自分でも信じられないほど自発的な思いでした。訳のわからぬまま、僕はその感覚に従うことにしました。


僕は小さい頃から感受性が強く、周りの大人たちからは不思議な子供だと思われてきました。自分の見えているものを人に説明しても、わかってもらえないことのほうが多かったように思います。そんな子供だったので、たとえ誰にもわかってもらえなくても、自分の直感を疑うことなく行動するようになっていきました。

今考えれば「夜中に起きたとんでもない出来事」にも疑うことなく従えたのは、そんな幼少期を過ごしてきたからだと思います。

着替えをすませ、旅の支度をしてバイクにまたがったとき、時刻はすでに夜中の2時。僕は伊勢神宮へ向けて出発したのです。

その日から僕の神社巡りの日々が始まることになったのですが、その後の話は、本書のなかで少しずつお話しさせていただきたいと思います。

神社巡りを続けているうちに、僕はいつしかあれほど執着していたお金のことを気にしなくなっていました。

旅を続けるには、もちろんお金が必要です。だけど不思議なことに、すべてをなげうって神社巡りに集中すればするほど、支えてくださる人も増えていきました。

最初は、単に御朱印を集めることを目的に神社を巡っていました。しかし参拝した先々で、地元の人や神職から貴重なお話を伺う機会に恵まれ、見たこともないような景色に出会いました。と同時に、僕が得た話を喜んで聞いてくれる人がいることにも気が付きました。そうして、僕は思ったのです。

「この出会いや景色を、自分だけのものにしていてはダメだ。僕の神社巡りの旅は、自分のためにあるものじゃない。僕の話を待っていてくださる人のためにあるのかもしれない」と……。

僕は、神様とあなたとを繋ぐ神職ではありません。
学者や研究者でもありません。

でも、1万社以上の神社を自分の足で参拝し、自分の目で見て、地元の人の話を伺い、その土地の空気を感じてきたことは紛れもない事実です。
そんな僕だからこそ伝えられることもあるのではないか。そう信じて本書を綴ることにしました。

この本では、日本全国、どこに住んでいる方にとっても有益な情報が載せられるように、あえて対象になる神社が広がるような紹介の仕方をしています。
もっと言うと、遠方の神社へ行くことが難しい方や、神社に参拝すること自体が困難な方にとっても、役に立つ本にしたかったのです。

僕の人生に起きた苦しみや矛盾、そしてトラウマ。それらを突破した時々には、必ず神社の存在がありました。そしてそれはすべて、あなたに繋がっていくために起きた出来事だったのでしょう。

この本のなかに凝縮した神社にまつわる話が、今、悩みを抱え苦しい気持ちで毎日を過ごしているあなたの心を、少しでも軽くする糸口になれば幸いです。

また、さまざまな岐路に立っているあなたの人生の新しい扉を開くきっかけになれば、これ以上嬉しいことはありません。

神社巡拝家・佐々木優太

もくじ

003 はじめに

016 そもそも神社とは？　神社参拝の心得五ヶ条

第一章 悩みから抜け出すヒントを与えてくれる神社

028 自分を見失いそうになり、心が疲れているあなたへ

038 家族関係に問題を抱えているあなたへ

047 自分や家族の出世を願うあなたへ

054 お金を手に入れたいと願うあなたへ

062 ──コラム一── お賽銭の額はいくらが適切？
066 良縁に恵まれたいと願うあなたへ
072 子供の才能を伸ばしたいと願うあなたへ
079 挫折や失敗から立ち直るきっかけを探しているあなたへ
084 安産・子宝を願うあなたへ
090 ──コラム二── 初穂料の正しい納め方
092 ペットの健康や長寿を願うあなたへ
096 ──コラム三── 左右のうち一方は、実は狛犬じゃない!?
098 過去のトラウマを断ち切りたいあなたへ

第二章
人生の節目にこそ訪れてほしい神社

106 受験や試験など「ここぞ！」という勝負の前に
112 旅行の前の安全祈願に
117 初詣や七五三、お宮参りなどに
122 コラム四 初詣に行くべき神社と時期
124 大切な人を失ったときに

第三章
一生に一度は訪れたい！　最強の開運あやかり神社

132 嬉しい仕事の電話がかかってきた神社

参拝した女性が号泣する神社 136
見えない力に引き寄せられた神社 140
|コラム五| 神宮、大社、神社……呼び方によって何が違うの？ 146
神社巡りの意味を知り、人生の転機となった聖域 148
神社界の2トップが祀られている最強神社 154
1万社を巡った僕が感動した絶景神社 157
おわりに 171

そもそも神社とは？神社参拝の心得五ヶ条

神社を参拝する際のさまざまな作法。「それを守らなければご利益がない」と思っていらっしゃる方も多いのではないでしょうか？しかし僕は、重要なのは「神様や神社に礼を尽くすこと」だと常日頃から考えています。大切なのは心なのです。そこで、本書を読んでいただくにあたり、ぜひ頭の片隅に留めておいてほしい「僕が大切にしている心得五ヶ条」を、まずはご紹介させていただきます。

心得その一

神様は「居る」ものではなく「宿る」ものです

みなさんは「神社」と聞くと、どんなところを想像しますか？　鳥居があって参道があって、その奥に建物があって……。きっと、そんなイメージを持っていませんか？

でも神社は、建物でないといけないというわけではありません。

トレッキングなどで、山を歩く人もいますよね。そんな山道に、ふと現れる注連縄《しめなわ》をされた木。誤解を恐れずに言うと、それも立派な神社です。

神様が宿れば、そこはもう神社です。

ここで大切なのは、神様は「居る」ものではなく「宿る」ものだということです。

日なたに神様が宿るとします。日なたは、時間の経過とともに動きますよね。これでは建物として固定できません。このようなことから、もともと神社は常設ではなかったと言われています。

例えば、山や滝もそうです。山や滝が御神体だとされる神社がありますが、それ自体が神様なのではありません。山や滝に宿るのが神様です。昔の人たちは、木や山や滝に宿る神様を祀っていたのです。

その後、神様は鏡や剣などにも宿るようになります。これならば、建物のなかで大切にお祀りできますね。

こうして神社は、大陸から伝来した仏教のお寺などに影響を受けながら、今の姿になってきたと言われています。

神社の建物は、神様が宿った御神体を祀った覆いなのです。

もちろん、社殿には歴史的価値があります。けれど、神様は「居るものではなく宿るもの」です。建物が豪華絢爛でも、そうでなくても、大きくても、小さくても、ひいては建物がなくても、手を合わせる気持ちに違いはありません。目に見えているものだけにとらわれず、宿るものを大切に思う。その心が大切だと思っています。

心得その二

鳥居は神域との境目。神様の領域にお邪魔する謙虚さを持ちましょう

「神社の入り口にあるもの」と言われ思いつくひとつに鳥居があります。「鳥が居る」と書きますが、さてこの鳥、何の鳥だと思いますか？

この鳥は、一説には、常世長鳴鳥《とこよのながなきどり》だと言われています。

あまり耳にしたことのない名前だと思いますが、実はこの常世長鳴鳥とは、

ニワトリのことなんだとか。ある神話にニワトリを鳴かせるシーンがあります
が、そのときの「とまり木」が今の鳥居の元になったという話を聞いたことが
あります。そこから「鳥居」になったという説です。
その他にも、「通《とお》り入《はい》る」から転じて「鳥居」となった説などもあります。

ただ、どんな由来であろうと、神社の入り口にある鳥居が神域との境目を表
していることに変わりはありません。いわば、神様の領域への玄関なのです。
友人の家に遊びに行ったとき、挨拶もせずに玄関を通り抜ける人はいないで
しょう。神社でも、同じことが言えますね。

ですから僕は、鳥居の前ではまず一礼をしてから進むようにしています。「こ
こからは境内なんだ」と、いったん心を落ち着かせる良い機会にもなりますよ。

心得その三

どんな形であれ「清める」という所作を大事にしましょう

手水舎は「てみずや」と読んだり「ちょうずや」とも読んだりしますが、手と口を洗うことで、身と心を清めるところです。神様に参拝する前に、まず自身を清めなければいけません。

この清めるという行為。昔は裸になり、全身を洗っていたそうです。それを簡略化したのが、今のスタイルなんだとか。たしかに毎回そうするのは大変。神社巡拝家の僕がもしそれをやったら、果てしない時間がかかってしまいます。

境内に水が流れていて、そこに橋が架かっていることもよくありますよね。実はあれも、身を清める行為の簡略化の表れと聞いたことがあります。とても短い橋もあり、無意識に渡っている境内の川。その橋を渡ることで、身を清めたことになっているそうです。

たしかに、水が流れているところを境に、空気が変わったことを体感されたことがある方も多いのではないでしょうか?

清めるという所作を、省略するのではなく簡略化した日本人。「変えてもいいことと、変えないこと」をきちんと理解していたことの表れでしょう。もし訪れた先の神社に手水舎がなかったとしても、参拝する前には心身を清めたいものです。そんな心持ちが大切だと思いませんか?

心得その四 鈴と柏手《かしわで》の基本作法。ただ、最も大切なのは心です

拝殿にある鈴。鈴の緒を振って鳴らしますが、うまく鳴らせないと思ったことはありませんか? 実は、左右に振るのではなく、上下に弛《たゆ》ませて振るのだと言われています。上下に振ると、意外にうまく鳴らせますよ。

参拝に来たことを神様にお知らせするために鳴らすとも言われていますが、実はこれも簡略化されたものらしいのです。元は神様に奉納する神楽《かぐら》だと聞きました。

神楽とは、神様の前で踊られる祈りの舞です。そのときに、巫女が手に持っていたのが鈴。この鈴を鳴らしながら、長いものでは2時間も舞ったそうです。さすがに、一般の参拝者が同じことをするのは無理ですね。僕も、毎回これをやれと言われたら、厳しいものがあります。

由来に諸説あれ、神様との繋がりを大切にする気持ちに違いはありません。僕は、この鈴の音で心を静かに整え、参拝しています。

神社での参拝といえば、もうひとつ。柏手です。

漢字が入ってきた頃は、字を読み書きできる人が多くありませんでした。漢字の似ている「拍手」の意味だったのに、書き間違ったのか、読み間違ったのか「柏手」になったそうです。たしかに、これは見間違いやすいですね。

この柏手、2回打つのが主流ですが、4回打つ神社もあります。僕が全国の神社巡りの旅で見かけたなかには、3回の人もいましたし、それ以上に打っている人もいました。

それが地域差なのか個人差なのかはわかりませんが、神社によって決まっているので、僕は行く先々の神社ごとに定められた作法に従うことにしています。「郷に入れば郷に従え」です。

しかし「守らなければご利益がない」ということではありません。知らなかったなら次から正せばいいだけです。知らなくても敬意を持って行動していれば、きっと神様に気持ちは伝わるはずです。

心得 その五

神社は「願いを叶えるための場所」ではありません

現代に生きる僕たちは、神社や神様のことを「願いを叶えてくれる存在」だと思い込んでしまいがちです。神社の成り立ちを考えると、それも間違いではないでしょう。しかし、それだけだとは言い切れないと思うのです。

では僕たちは、神社や神様とどう向き合えばよいのでしょう。

僕は、全国の神社を巡ることで多くの人に出会い、多くの土地に足を運んだことで、ひとつの言葉を見つけました。

それは「あやかり」という言葉。この言葉にこそ、現代に生きる僕たちが、神社や神様とどう向き合えばいいのかのヒントが隠されているのです。


野球少年が神社に参拝をして、野球の神様に会えたとします。「野球が上手くなりますように」と懸命に拝み、その後、自宅に帰ってきた次の日。はたしてその野球少年は、野球が上手くなっているでしょうか?

当たり前ですが、上手くなっているわけはないですよね。

神様に会えたから上手くなるのではなく、神様にあやかって、その日から一生懸命に練習をするから野球が上手くなるのです。

まさにこれこそが「あやかり」なのです。


恋愛運・金運・勝負運など、さまざまな願いごとについても同じことが言えます。

それに、これは神社にだけではなく、人に対しても同じことが言えると思うのです。

期待をし、自分の都合のためにお願いばかりをする。それでは上手くいくはずがありません。

辛いマラソン。どんなに声援を受けても、走るのは自分です。どんなお守りを与えられても、自分が走らなければ何も始まりません。

神社は「願いを叶えてもらうための場所」ではなく、「願いが叶うためのあやかりを受ける場所」なのです。このキーワードを心得てこそ、運も開けるのではないかと、僕は信じています。

第一章

悩みから抜け出すヒントを与えてくれる神社

毎日の暮らしは、良い場面ばかりではありません。頑張っても結果が出ない日々、理不尽な出来事、難しい人間関係……。でもそれを乗り越えたときにこそ、生きている喜びも感じられるはず。迷いや苦しみから抜け出せたときに、僕が「気付き」を得られた神社。その数々を紹介します。

自分を見失いそうになり、心が疲れているあなたへ

「仕事にまい進してきたけど、このままでいいの？」
「自分にとっての幸せは何なのか、わからなくなってきた」
「子育てが一段落したら、生きる目標を失ってしまった」

がむしゃらに人生を送ってきて、ふと「自分は何をして、何が目的で生きているんだろう」と感じる瞬間がありませんか？　僕も今でこそ「神社巡拝家」という天職を見つけ充実した毎日を送っていますが、ここに至るまでには、そんな悩みの連続でした。

僕のことはさておき、ひょっとしたら一生懸命何かに打ち込んできた人や、自分のことよりも周りの人のことを優先して生きてきた人ほど、あるとき、こ

のような壁に突き当たるのかもしれません。

でも、そんなときが訪れたのなら、それは「一度、立ち止まってみましょう」と考えるチャンスなのだと思ってみてください。自分自身と向き合い、人生を見つめ直す絶好の機会がきたのだと、前向きにとらえてみましょう。

僕も、調子が悪い日や元気がない日もあります。しかし神社を訪れて、心が元気になるきっかけをいただいたこともありました。

また、自分の心と静かに向き合うために、まずは心を落ち着かせる。そんなときにも神社参拝はおすすめです。

◆海に浮かぶ鳥居がある神社

鳥居が、海や岩の上に建っているのを見たことがありませんか？

「鳥居は神社の入り口にあって、人がくぐるためのものではないの？」

「それがなんで海岸に建っているの？」

そう思う方もいるかもしれませんね。

しかし海岸や岩場など、人が渡れないようなところにぽつんと鳥居が建てられていることは、けっして珍しいことではありません。

その鳥居は、神様が降り立った場所や、通る特別な場所の目印として建てられているのです。鳥居は、人間がくぐるための役割だけではないのです。

そのような場所の鳥居は、他の鳥居が建つ場所と違い、「人間が足を踏み入れることができない神聖な場所」だという印です。

僕たちが入れない場所だとしても、見ることができるだけで、そして手を合わせられるだけで御神徳を感じられます。


茨城県大洗町に鎮座している大洗磯前神社《おおあらいいそさき》も「神磯《かみいそ》」と呼ばれる、波しぶきの上がる岩場の上に鳥居が建っています。

僕がこの神社に初めて参拝したのは、29歳のときのことでした。

鳥居越しに見えるのは、果てしなく広がる海。そこには豪華絢爛な社殿があるわけではないのに、気が付くと手を合わせている自分がいました。

現在、鳥居が建てられている岩場の上に、大洗磯前神社の御祭神が降りられたと言われています。

御祭神である2柱の神様、オオナムチとスクナヒコナは、互いに協力して国造りを成し遂げた神様です。

この2柱の神様は、大黒様とエビス様としても信仰されています。こちらの方が聞き馴染みがあるという人も多いのではないでしょうか。

この神磯に鳥居が建てられたのは、神社の歴史のなかでは最近のことだといいます。人々が神様の場所だと忘れてしまわぬようにと建てられたそうなのです。

昔の人は、言い伝えなどから、そこに鳥居がなくても「神様の場所だ」と感じ取れたんですね。

また、この景色を見た水戸黄門こと徳川光圀《みつくに》公が「あらいその　岩にくだけて　散る月を一つになして　かへる月かな」と歌を詠んだことも有名です。

夢中になりすぎて自分が見えなくなったとき。

心が折れてしまい、自分を見失いそうになったとき。

そんなときには、まるで海に浮かんでいるかのように見える岩場に建つ鳥居に向かい、心静かに祈りを捧げてみてはいかがでしょうか。

実際に人間が近づくことが難しい場所だからこそ「問題から一歩引いてみること」「自分を少し遠くから客観視すること」ができるはずです。

見失っている大切な何かに気が付くことができるかもしれませんよ。

◆水が豊富で、良い気が流れている神社

またもうひとつ、心が疲れてしまったときに、僕だったら訪れてみたい場所があります。それが「良い気が流れている場所」です。

そうはいっても、具体的な場所をイメージするのは難しいかもしれませんね。

僕が考える「良い気が流れている場所」のひとつ。それは、「水が豊富にあ

る場所」だと思っています。

人は、水がないと生きていけません。生まれたばかりの赤ちゃんは、体の約80パーセントが水でできていると言われています。人間は水なしでは生きていけない生き物なのです。

また、古代より水はとても大切なものとして扱われてきました。特に真水が豊富な日本では、とりわけ神聖なものとしてとらえられてきたのです。

水は、目に見えるものだけではありません。

地上に川が存在していなくても、大きな木が立っている場所ならば、それは水が豊富だという目印です。

大きな木の下には、地下水脈が流れているもの。その水がないと、大きな木は育ちません。また、木々が茂っている場所には、地下に豊富な水脈があると思っていいでしょう。

当たり前ですが、漢字や仮名が発達する以前から、僕たちの祖先は何かしらの言葉によるコミュニケーションを取っていました。文字はなくとも、音で意思疎通を図っていたのです。

僕は、その時代に思いを馳せて考えてみたことがあります。

「木、気、キ」。このように違う字で表されるものでも、同じ音のものがありますよね？

文字が未発達で、言葉だけで文化が伝わっていた時代に、「大きくて良い木だね」と言うことと「大きくて良い気だね」と言うことは、同じことを意味していたのではないか、と僕は考えているのです。

地下水脈を目にすることはできませんが、大きな木を見ることによって、その水の力を感じることができます。そして、そのように豊富な水に育まれた場所を「気が良い」と感じるのは、人間にとってごく自然なことなのです。

さらに、神社の境内の「気が良いかどうか」を判断する方法として、以下のようなポイントもあります。

・大きな木がある
・木々が生い茂っている
・樹齢の古い木がある
・地面や建物に、苔が生えている
・お社《やしろ》などの壁が白く朽ちている

木造建築の、特に下の方が白っぽく朽ちている状態。これは、地下の水分が上に昇ってきている証拠なのです。ですから、お社の壁などの木材が白っぽく見える神社は、豊富な地下水脈が流れていると言えるでしょう。

また、地面や屋根まで苔むしているような神社もありますよね。それも、その土地の水が豊富であることを示しているのです。


このように、地下から屋根まで水が昇ってきている様を、昔の人は「龍が昇っている」と表現したようです。

見えているけど、見えていない。

それはまさに、龍そのものだと言えるのです。

僕の見解にはなりますが「気」が良くない状態というのは、簡単にいえば健康に害のある状態のことを言うのではないかと考えています。

「気」を良くする方法のひとつに、部屋の空気を入れ替えるといったことを聞いたことはありませんか？　それは、空気中の二酸化炭素の量を減らすということ。体に新鮮な酸素を取り入れるという、基本的なことなのです。

このように考えれば「気」とは、なにも特別な人だけが感じられる不思議なパワーではないのです。誰にでももともと備わっている本能であり、感じ取れるものなのです。

だから、必ずしも水が豊富な条件がそろっている神社でなくても「なんだかここにいると、気持ちが良いな」と、あなたが本能的に感じる神社があれば、そこでも良いのです。

大切なことは、人それぞれ。良いと感じるポイントも、人それぞれです。

神社は病院ではないし、僕も医師ではありません。神社にお参りしたからといって、心が急に健康を取り戻すわけではありません。

でも、このような神社に参拝することが、あなたが前向きで明るい気持ちを取り戻すひとつのきっかけになってくれたら、僕も嬉しく思います。

僕が見つけた、海や湖に浮かぶ鳥居がある神社

森戸大明神（神奈川県）、伊古奈比咩命《いこなひめのみこと》神社（静岡県）、白鬚《しろひげ》神社（滋賀県）など

僕が見つけた、水が豊かな神社

篠座《しのくら》神社（福井県）、洲原《すはら》神社（岐阜県）、梨木《なしのき》神社（京都府）、伊曽乃神社（愛媛県）など

家族関係に問題を抱えているあなたへ

「実の両親や兄弟との折り合いが悪い」
「結婚して出ていった息子と疎遠になってしまった」
「定年退職後の夫と、どのように接していいかわからない」

子供が一人前に成長したり、夫婦で定年を迎えたり……。

時の流れとともに、家族の関係性は刻々と変化していくものですよね。それに伴い、その時々に家族問題が生じることもあります。

親しき仲にも礼儀あり。近すぎる関係だからこそ、家族間での悩みごとは尽きないものなのではないでしょうか？

また、近すぎる存在だからこそ、家族間で起こった問題は複雑で厄介。心を病むほどに悩んでしまっては大変です。

そんな悩みごとをスッキリさせたい方にとって、解決のヒントがあるかもしれない神社。それは、神様が家族や親子で祀られている神社です。

◆神様が家族で祀られている神社

夫婦の神様が祀られている神社は全国各地に多くありますが、まれに家族で祀られている神社もあるんです。

例えば、福井県福井市にある柴田神社。戦国武将として名を馳せた織田家の重臣、柴田勝家のかつての居城に鎮座しています。

この神社の御祭神は、柴田勝家とその妻、お市の方。お市の方は、織田信長の妹で、非常に器量に優れた女性だったことが知られています。

お市の方は、柴田勝家の正室となる前に、戦国大名の浅井長政の継室でもありました。そのときに産んだ三姉妹が、NHK大河ドラマ「江《ごう》」で知られる茶々、初、江です。

お市の方は、この娘たちをたいそう大切に育てたそうで、そんな逸話が数多く残っています。

柴田神社には、柴田勝家とお市の方が祀られていますが、このほか、境内にはこの三姉妹が祀られている三姉妹神社もあります。

このように、親子が一緒に祀られている神社に参拝し、その仲の良さや絆の深さに、あやかってみてはいかがでしょうか。

他にも、京都府京都市の賀茂別雷《かもわけいかづち》神社と賀茂御祖《かもみおや》神社（通称、上賀茂神社と下鴨神社）の御祭神は、子と親の関係であると言われています。

また、静岡県富士宮市にある富士山本宮浅間大社《ふじさんほんぐうせんげんたいしゃ》も、親子愛にあふれた神社と言えるでしょう。なぜならこんな話が伝わっています。

富士山本宮浅間大社は、富士山が御神体です。山の神様といえば、オオヤマヅミがいます。日本中の山を司る神様です。普通に考えれば、山の神様であるオオヤマヅミが、日本一の山である富士山に宿るところです。

しかし、富士山に宿るのは、オオヤマヅミの娘であるコノハナサクヤヒメなのです。

その理由は諸説ありますが、コノハナサクヤヒメがとても美しい姫だったことから、オオヤマヅミは富士山の美しさを娘になぞらえて「娘こそが、富士山に宿るべきである」と言い、自身は瀬戸内海の大三島《おおみしま》に鎮まることにした。

そんな話を、僕は神社巡拝の旅の途中で聞いたことがあります。

このように、親子や家族が仲良く祀られている神社や、家族愛あふれる言い伝えがある神社は、全国に数多くあります。ぜひ、お住まいの近くの神社を探してみてください。

歴代の偉大な人物たちの親子愛や家族愛。そして、そんな神様の物語に触れ、ご自身の家族関係を見つめ直してみるのもいいのではないでしょうか。

◆大きな御神木がある神社

また、家族問題で悩んでいる方に僕がおすすめしたいもうひとつの場所に、静岡県熱海市の來宮《きのみや》神社があります。ここの御神木である大楠は、なんと2000年の時を超えて存在しています。

その姿を見るだけでも圧巻ですが、僕が注目してほしいのは、御神木の近くにある清らかな川です。

参拝した際に、來宮神社の宮司がこんなお話をしてくださいました。

「この木と川の距離が今より10メートル離れていたら、水量が足りず、ここまで楠は大きくならなかったでしょう。また、今より10メートル近くても、木は流されてしまい、根付かなかったでしょう」

この話を伺って、僕は「人にも同じことが言えるな」と思ったことを覚えています。

水流と絶妙な距離で立っている大楠。この川と木の関係のように、人間だって、たとえ家族だったとしても、付かず離れずの距離が大切なのでしょう。

ちなみに、よく御神木や神社の木を触ってパワーをもらうと言う方がいますが、僕はその必要はないと思っています。あえてパワーと言うならば、それは触らなくても感じられるものです。

何人もの人が木に触り、木の根を踏むことで、その木は確実に弱ってしまいます。

僕は、有名神社にある巨木にたくさんの人が押しかけている光景を、数々目にしてきました。

それに、木と人間の思惑は、愛することの本質に近いものがあるようにも感じます。

僕は、愛とは互いに与え合うものだと思っています。

例えば植物に「愛しているよ」と言って撫でるだけで水を与えない。口では

「愛している」と言っていますが、これはただ奪っているだけの行為です。

そして、やがて枯れていくのを見て「こんなにも愛しているのに、なんで枯れるんだ」と怒り、また奪う。


「愛しているよ」と言わなくても、近くに行き触らなくても、きちんと水を与え遠くから見守る。そうすれば、木はぐんぐん育っていきます。そして、その様子にこちらもまた、勇気づけられるのです。

与え合う関係があってこそ、愛は成立するのです。


きっと、神社にそびえる御神木だってそうです。

水があるから木が育ち、木が育つことで、水が流れていることにも意味が生まれます。木に直接触れなくとも、少し離れたところから全体像を拝むだけでも、十分ではないでしょうか？


僕自身も長年、親との関係や距離の取り方に悩んでいました。

しかしこの御神木を見て、宮司の話を聞き「いつまでも親を憎んでいても、それは一方的に奪っているのと同じことかもしれない。相手にばかり期待してはいけない」と思うようになりました。

木は水の流れに生かされながら、それ以上を望むことはしません。ただただ上に伸び、根を広げるだけ。

人も同じで、それ以上を求めることは間違いだと気が付いたのです。それよりも僕がすることは、自分という「木」を大きくすること。つまり、自分の「気」を育てることだと思いました。

「親からの愛情が欲しかった。もっと僕を愛してほしかった」という、自分のなかにある大きな闇。今さらそんな期待をしても、仕方がないと思えました。それからは悩むことをやめ、家族それぞれの幸せを祈るようになりました。そうすることで、幼少期のトラウマや嫌な記憶は薄れ、苦しむ時間も少なくなっていったのです。

与え、与えられることで、その命を絶やすことなく保ってきた御神木。
そんな御神木がある神社を訪れることで、僕のように親や身近な人への負の感情が拭い去られ、家族問題の解決に一歩近づくことができるかもしれません。

僕が見つけた、神様が親子や家族で祀られている神社

四條畷《しじょうなわて》神社（大阪府）、嚴島《いつくしま》神社（広島県）、鵜戸《うど》神宮（宮崎県）など

僕が見つけた、大きな御神木がある神社

小國《おくに》神社（静岡県）、三島神社（大阪府）、武雄《たけお》神社（佐賀県）など

自分や家族の出世を願うあなたへ

「夫や子供が今後、出世してくれたら……」
「同期のなかでも、誰よりも早く昇進したい」
「もう少し給料が上がれば、暮らしも楽になるのになぁ」

これは、多くの方の願いのひとつなのではないでしょうか？
仕事で出世して経済的にも豊かになり、生き生きと自信を持って仕事に打ち込めたら……。とても理想的な姿ですよね。

このような想いを抱くことは、とても大切なことです。なぜなら、その気持ちが原動力になり、身近な人や世の中を幸せにしていくからです。その願いは現代人だけではなく、昔から人々のなかにありました。

僕が全国の神社を巡っているなかでも、出世や商売繁盛の願いが集まった神社に出会うことがありました。

◆企業が奉納している神社

例えば、東京都墨田区にある三囲《みめぐり》神社もそのひとつです。

後の三越百貨店となる越後屋を営んでいた三井家が、江戸に進出したときに、この神社を守護社に決めました。

理由のひとつは「三囲」の文字。これが、「三井を守っている」というふうに見えたからです。また、商売がうまくいっていない時期にお参りしたところ、大繁盛したという話も残されています。

以来「商売繁盛の神」として人気を呼び、出世にもご利益があるとされるようになりました。

また、平成21年に三越百貨店の池袋店が閉店した際には、デパートの前にあったライオン像が三囲神社に奉納されました。以来、三囲神社では「狛犬《こまいぬ》」ならぬ「狛ライオン」の姿を目にすることができるようになりました。参拝の際に、それを見るだけでも楽しいですよね。

このように三囲神社は、越後屋を発展させた三井家と深いかかわりのある神社として有名になりました。

同じように企業が特定の神社に奉納しているという例は、実はよくある話なのです。

例えば、山口県防府市に鎮座する玉祖神社《たまのおや》。こちらの御祭神は、三種の神器のひとつである八尺瓊勾玉《やさかにのまがたま》を作った神様です。

勾玉は翡翠や水晶などを加工して作られた古代の装身具で、当時、それを作るにはかなり高度な技術を要しました。その技術にあやかろうと、現在では、カメラやメガネのレンズメーカーなどが奉納しています。

他には、百人一首で有名なお坊さんで、坊主めくりのときに引いてしまうと「ぎゃー!」となるあの蝉丸《せみまる》が祀られている関神社もそう。

こちらは、東京都北区に鎮座する王子神社の境内にあります。

蝉丸は、日本で初めてカツラを作った人物だと言われています。蝉丸の姉が生まれつき髪に悩みを持っており、それを見た蝉丸が、カツラを考案したのだそうです。

ここは理容や美容の関係者をはじめ、髪にまつわる職業の方が多く参拝に訪れます。

さらに、京都の嵯峨野にある御髪《みかみ》神社は、日本で最初に髪結いを職業にした藤原采女亮政之《うねめのすけまさゆき》が祀られている神社です。そのため、カツラメーカーなどが奉納しています。

神社の玉垣（社殿などを囲っている柵）などを見ると、奉納した人の名前が載っていますよね。

よく見てみると、企業の名前が入っていることもあります。そこに着目してみれば、その神社がどんな職業に縁深いのかがわかり、それだけでも興味深いですよ。

自分や家族の職業に所縁のありそうな神社を見つけて参拝することで、これまで以上に仕事にまい進できるかもしれませんね。

このように、企業が自分たちの商品に縁の深い神社に奉納を行っていることは、珍しいことではないのです。

世の中を繁栄させてきた経営者たちの多くは、今も昔も神社に奉納することを続けてきました。

「経営者って信心深いのね」

「経営者はスピリチュアルに傾倒する人が多いのかしら？」

「それだけのお金があるのなら、広告宣伝費にまわせばいいのに……」

そんなふうに思う方も多いのではないでしょうか？

しかしこれはスピリチュアルなことでも、単に信心深いからというわけでもないようです。世に名を残す経営者たちが神社に奉納するのは、そのお金が生きるとわかっているから。

なぜなら、神社に奉納することで「文化を生み出すことができる」とわかっているからです。

「客がいるから物が売れる＝会社が成り立つ」のです。

つまりその客や地域を育てる「文化」をつくることから始めるのが、真の経営者なのでしょう。広告宣伝費を投入するのは、その文化ができたあとの話なのかもしれません。

文化を発祥してくれた神社や、自分たちが物を売る文化をつくってくれた地域の神社に奉納することは、その地域にお金を還元することにほかなりません。

そんなふうにお金を巡らせる人が、真の経営者なのかもしれませんね。

神社という存在がそこにあることで、人が集まり、祭りができ、文化が育まれる。さらにはコミュニケーションが生まれ、人間の生活が豊かになることで人が物を買ってくれる。

この長く続く巡りを、神社が教えてくれています。

偉大な経営者たちは、代々それを理解しているのです。

歴史に名を残した実業家や大企業が奉納してきた神社。そこにお参りすることで、良い仕事に繋がるきっかけが生まれるかもしれませんよ。

僕が見つけた、さまざまな職業と繋がりのある神社

愛宕《あたご》神社（東京都・ＩＴ関係）、伊太祁曽《いたきそ》神社（和歌山県・材木業）、松尾大社（京都府・酒造業）など

お金を手に入れたいと願うあなたへ

「お金持ちになって優雅に暮らしたいなぁ」
「宝くじが当たってほしい」
「老後のための潤沢な資金を手に入れたい」

現代を生きていくなかで、お金は間違いなく必要です。「手元に豊富な資金があれば、こんなにあくせく働き続ける必要なんてないのに」と、思うこともあるでしょう。

お金さえあればなんでもできると人は考えてしまいがちです。では、そんな願いを叶えるためにはどうすればよいのでしょうか。

◆健康祈願ができる神社

僕もかつては、お金がなくて苦労をしました。家庭が貧しかったので、高校の授業料を支払うためにずっとアルバイトをしていました。もちろん、大学に進学するという発想も生まれませんでした。

意を決して上京した後、生活に必要な最低限のお金もなかったときには「どこからかお金が降ってこないかなぁ……」という、現実逃避ともいえる空想にふけったこともありました。

しかし当然、空からお金は降ってきません。

それと同じように、ご利益のある神社に参拝したからといって、ある日突然お金が増えたりするものではありません。

ではなぜ金運にご利益がある神社があるのでしょうか？

例えば、宝くじが当たると言われている神社。「そこに参拝すれば、高額当選の宝くじ券が手に入る」のではなく、「高額当選をした人たちが、もともとそこにお参りしていた」というのが本当のところでしょう。

「○○駅の宝くじ売り場の××番窓口は、よく当たる」と言われて、そこの窓口にだけ行列ができていることがありますよね。それはある意味当然で、あれだけの人が買えば、誰かが当たる確率は他の窓口より高くなります。

でも遥か昔にまだ宝くじもなく、庶民が一攫千金を狙えるチャンスなんてそうそうない時代にも、金運の神様として信仰されていた神社はありました。

例えば、宮城県石巻市に鎮座する金華山黄金山《きんかさんこがねやま》神社がそのひとつです。こちらの御祭神は、鉱山や鉱物の神であるカナヤマヒコとカナヤマヒメ。日本で初めて産出した金が、この地域から朝廷へ献上されたそうです。

そのことから、今も金運・財運のご利益がある神社として人々に崇められていますが、昔の人々の間では「この神社に3年連続して参拝できたら、一生お金に困らない」と言われてきました。

この金華山黄金山神社は「山」という名称ですが、実際には海に浮かぶ「島」

で、島全体が神域です。

つまり、今のような交通手段が発達していない時代には、何里も歩き、山や峠を越え、港に着いた後、さらに渡し船で島まで渡らないとたどり着くことができない神社だったのです。そこへ3年連続して参拝するには、相当な健脚や丈夫な身体、それに安定的な財源がないと無理です。

僕は実際に港まで行き、そこから船に乗り、金華山へ渡り、黄金山神社を参拝させていただきましたが、そのときにこう思ったのです。

「金華山黄金山神社に3年連続して参拝したことで、お金に困らないようになるんじゃない。ここへ3年連続して訪れることができるような人は、そもそも健康な身体と財力に恵まれた人なんだ」と。

参拝したからといって、お金持ちになれるわけではありません。

健康な身体があれば、それがお金を生むことになるということは誰しも想像がつきますよね。昔の人はきっと、それがわかっていたのでしょう。

しかし、後世の人たちから見ると「あそこへ参拝したら一生お金には困らないらしい」と映ったんでしょうね。最初から、通えばお金に困らなくなる神社では決してなかったのです。

今でも、金華山黄金山神社へは船に乗らなければ行くことができません。交通手段が発達した現代でも、行くことが難しい神社には違いないのです。

お金持ちになることを夢見て参拝するだけではなく、生活が豊かになることを願い、命をかけて参拝した昔の人たちに想いを馳せて参拝してみてはいかがでしょうか。そういう謂《いわ》れのある神社に、背景を知ったうえで健康をお祈りするのも良いかもしれません。

そんなことから、金運・財運を味方につけたかったら、まずは健康にご利益があるとされる神社に参拝することもおすすめです。

他にも、全国には身体の一部に特化してご利益があるとされている神社もあります。気になる部位にご利益があるとされる神社に行ってみるのもいいでしょう。

◆伊能忠敬に所縁のある神社

「老後のお金が心配だ」と思っている方もいらっしゃるのではないでしょうか？　ただ、心身ともに健康で長生きができれば、いくつになっても自分で働き稼ぐことができるので、老後の資金への不安も薄れるはずです。

そんなきっかけに出会うことができる僕のおすすめの神社は、初めて日本地図を作ったとされる伊能忠敬に所縁のある神社です。

伊能忠敬が、地図作成のために日本全国を回り始めたのは、なんと55歳からだったと言われています。今よりずっと平均寿命が短かった時代に、55歳から71歳まで全国を旅するということは、相当に身体が丈夫であったのだろうと察しがつきますよね。

その年齢から、そんな大仕事をこなそうとするとは、身体だけでなく気力もすごいものだったのでしょう。

ちなみに、伊能忠敬は17歳で佐原の酒造家である伊能家に婿養子に入り、伊能家を立て直したほどの商才もあったそう。このときに、かなりの財産を築いたようです。その点でも、伊能忠敬に所縁のある神社に参拝するのはおすすめです。

伊能忠敬が旅に出る前に祈願に立ち寄っていたという、東京都江東区にある富岡八幡宮。こちらには、伊能忠敬の銅像も建っています。

人生、いくつになっても思い立ったときがスタート地点。高齢になってから全国へ出向いていったその気力に、きっと良いきっかけをいただけるはずです。

このように、金運を願うことは悪いことではありません。生活をしていくためには、たしかにお金も必要です。

ただ「もっと、もっと……」とお金にばかり振り回される人生は、本当に幸せなのでしょうか?

僕も前述のような少年時代を過ごしてきたので、大人になってからも、つねにお金のことが頭から離れませんでした。しかし、実際に身に余るほどのお金を手に入れたところで、幸福感や充足感は得られませんでした。

「自分にとって、お金がどれだけ必要なのか？」

「どれだけあれば、本当に幸せになれるのか？」

神社参拝をして思考を深めるのもよいきっかけだと、僕は思います。

伊能忠敬は、お金のために危険な仕事へ出向いていったのでしょうか？

お金持ちや経営者たちは、お金が余ったから奉納するのでしょうか？

神社で手を合わせていると、本当に大切なことが見えてくるような気がします。


僕が見つけた、身体の一部にご利益があると言われている神社

行田八幡神社境内・目の神社（埼玉県）、柴籬《しばがき》神社境内・歯神社（大阪府）など

コラム一

お賽銭の額はいくらが適切？

神社でお参りするとき、お賽銭を入れますよね？

「いくら入れたらいいんだろう？　相場はあるのかな？」

「せっかくなら縁起がよい金額がいいな」

そんなふうに思われたこと、一度はあるのではないでしょうか？

「金額が高い方がご利益はあるに決まっている」と、信じている人や「良いご縁があるように、5円がいいんだよね？」と思っている人もいるかもしれませんね。

ただ、僕は決まりがあるとは思っていないのです。

だって1000円を持っている人の10円と、10円しか持っていない人の10円の価値はまったく違うと思いませんか？

「高額であればいい」「縁起がよい数字がいい」なんてことはなく、すべては気持ちの問題だと、僕は思っています。

もし自分が神様の立場だったらと、考えてみるのも面白いですよ。

100万円を納めて「宝くじ3億円が当たりますように」と願う人と、1円しかないけれど「周りのみんなが幸せになりますように」と願う人。

あなたが神様ならどうしますか？

それに、金額は関係がないと言えるもうひとつの理由があります。

お賽銭は、そもそも神様に自分の願いごとを叶えてもらうためのお金ではありません。神社という、自分や他の誰かの心の拠り所でもある場所を維持するためのお金なのです。

あなたが参拝している神社は、ある日突然に現れたわけではありません。誰かがお金を出し、社殿を建てる大工さんがいて、そのあとも掃除をしたり維持に努める人がいたから、今も神社として建っているのです。

しかも何百年、あるいは千年を超える永さで……。

そんなにも多くの人によって続いてきた神社。それは、ただの建物ではありません。

神様の場所であり、人々が集まる場所でもあるのです。

あなたがその神社へ参拝することができたのは、あなたの前に参拝した誰かがお賽銭を入れてくれたからなのです。見知らぬ誰かが入れてくれたお賽銭のおかげで、あなたが参拝に来るその日まで、神社が維持されてきました。

お参りして自分自身を見つめ直したいとき。

神様と心静かに向き合いたいとき。

神社がいつもそこにあるから、手を合わせる機会をいただけるのではないでしょうか？

もし今、目の前にある神社がなかったらと想像してみてください。

神様に感謝をし、そんな神社が明日以降も存続することを願いながら、次に参拝に来る誰かを想い、ぜひお賽銭を投じてみましょう。

ここまで考えれば、自分のためだろうが人のためだろうが、もはや金額なんてどうでもいいことだと思えてくるはずです。

それでもまだ、金額が大事でしょうか？

良縁に恵まれたいと願うあなたへ

「運命の人と巡りあいたい」
「大好きなあの人と、両思いになれますように！」
「娘にはぜひ、素敵な人と結婚してほしい」

恋愛に悩む思春期以降、誰もが一度は祈った切なる思い。恋愛を成就させた友人たちを見ては「なんで私だけ……。神様のいじわる」なんて心のなかで叫んだことがある人もいるかもしれませんね。

でも、恋愛は神様が叶えてくれるものなのでしょうか？

実際、縁結びの神社にお参りをし「お守りを買って、恋愛が成就した」と言う人もいるかもしれませんが……。しかし残念ながら、「恋愛の神様はいない」

と言っても過言ではありません。

かの有名な出雲大社だって、東京大神宮だって、恋愛の神様を祀っていると は言っていません。「縁結びの神様」であり、そこから転じて、世間では「恋愛の神様」という認識がされているのだと思います。

例えば東京大神宮は、神前結婚式が初めて行われた神社と言われています。そのことや御神徳にあやかって、多くの女性が参拝するようになりました。その様子から、東京大神宮を恋愛の神様と呼ぶ人が出てきたのです。

でも、女性的な魅力を高め、良縁を引き寄せるきっかけになるかもしれない神社でしたらおすすめがあります。それは女性の神様が祀られている神社。素敵な縁に恵まれたい人は、そんな神社に参拝してみてはどうでしょうか。

◆女性神が祀られている神社

まず、愛媛県の松山にある伊豫豆比古命《いよずひこのみこと》神社です。ここには、エヒメという女性の神様が祀られています。

神話で語られている夫婦神に、イザナギ・イザナミという2柱の神様がいます。その二神から生まれた顔が4つある神。その顔のひとつがエヒメでした。ちなみに、エヒメは「愛比売」と書きます。その字の通り「愛らしく可愛い女性」という意味とも受け取れます。魅力的な女性になりたい人にはぴったりの神様ですね。

また、エヒメは伊予の国に宿る女神として崇められてきました。そう、四国の愛媛県は、この女性の神様から名をいただいているのです。

全国47都道府県で神様の名前がついているのは、愛媛県だけです。県名の由来が神様だなんて、なんだかロマンがありますね。それだけ地元の人々に愛されている神様とも言えるでしょう。

「愛媛県まではなかなか行けない」という方には、お住まいの地域にあり女性の神様が祀られている神社を探すポイントをお教えします。

神社に祀られている神様に「○○比売《ひめ》」「○○姫」という字が入っていれば、

それは女性の名前。女性の神様だということがわかるのです。

ちなみに「○○比古《ひこ》」「○○彦」は男性の名前を表しています。覚えておくと、区別もつきやすいですね。

さらに男性の神様であっても、奥様が一緒にヒメガミとして祀られていることも多いので、御祭神の隣に「○○ヒメ」などの表記を探し、そこに思いを馳せてみるのもいいでしょう。

良縁に恵まれたかったら、まずは女性神にあやかって、自分磨きから始めてみてはいかがでしょうか？

◆神社にはキレイのチャンスが転がっている！

ここからは、僕個人の好みも多分に含まれてしまいますが（笑）、どうぞお付き合いください。

僕は、神社で美しい立ち居振る舞いをしている女性がいたら、つい見とれてしまいます。

例えば、鳥居の前で深々と一礼をしていたり、友達とのおしゃべりに夢中になって参拝が二の次になっていないなど、神様や神社にきちんと礼儀を尽くしている人。そのような振る舞いができる人は、きっと神社の外の普段の生活でもそれができる人だからです。

また、神社に匂いのきつい香水をつけてきたり、露出の多い服で歩いていたりする人を見ると、正直がっかりしてしまいます。それとは逆に、清潔感があり、神社に調和した格好で参拝をしている女性を見かけると「素敵だな」と思います。

でも、これは女性に限らず誰にでも言えること。神社のなかに限らず、普段の生活で、多くの人が思うことと共通しているような気もします。

神社は普段の立ち居振る舞いや、マナーが出やすい場所です。

写真を撮りたいがために、自分本位に動いている人よりも、周りをきちんと気にしている女性が僕は好きです。

それに神社は、こういった心の姿勢を正すのにも最適な場所だと思います。

普段から周囲に気を配れる心のキレイな女性であるために、神社巡りで心の姿勢を正すことが、引いては素敵な縁を引き寄せることに繋がっていくのではないかと、僕は思っています。

僕が見つけた、女性神のいる神社

大井神社（静岡県）、鈿女《うずめ》神社（長野県）、宗像《むなかた》大社（福岡県）など

子供の才能を伸ばしたいと願うあなたへ

「子供の隠れた能力を見極めて、引き出してあげたい」
「芸事に秀でた大人になってほしい」
「今、頑張っているスポーツで、結果を残せますように」

子を持つ親であれば、誰しもが我が子の明るい未来を願うもの。そのために、神社へ詣でる人も多いのではないでしょうか？「優しい子になってほしい」「医者になってほしい」「オリンピック選手になってほしい」など、願いは人それぞれでしょう。

勉学もでき、身体も丈夫で、スポーツも得意で、どんな困難にも立ち向かえる精神力があるとパーフェクトですよね。

加えて芸術の才能まであれば、もう言うことはありません。そんなスーパーマンを期待しては子供には酷ですが、子供の明るい未来を夢見て欲張ってしまうのも親心。

僕は教育者ではありませんが、神社巡拝家として、子供の才能開花を願うのにぴったりな神社をご紹介したいと思います。

◆勉学や芸術に秀でた神様が祀られている神社

勉強の神様といえば、菅原道真です。平安時代の貴族で、出世して大臣にまで上りつめました。しかし、あまりにできすぎたために周りに妬まれ、九州の太宰府に左遷されてしまいます。

太宰府天満宮をはじめとする各地の天満宮は、菅原道真が御祭神となっており、学問の神様として信仰を集めています。

「子供が勉強をもっと好きになってくれたら」

「あの学校に進学してほしい」

そんな親の願いを叶えてくれるかどうかはわかりませんが、きっと親が子を想う気持ちは神様に届くことでしょう。

また、菅原道真は学問に秀でていただけでなく、達筆で詠も上手かったと言われています。そのため、芸事の神としても信仰されてきました。

我が子の芸術の才能向上を願うのにもぴったりですね。

その他、七福神のひとりである弁財天も芸術の神様として有名です。

弁財天は、琵琶を持っている女神です。元々は「弁才天」と「才」の字で表記されていました。

川のせせらぎの神様だったとも言われています。昔の人はせせらぎの「さらさら」とした音を、神様が楽器で奏でた音だと感じていたのでしょう。

実は、弁財天は外国から日本に来た神様で、その後、日本の神様と同一視されるようになりました。

ピアノやバイオリンなどを頑張っているお子さんや、芸事に力を入れているお子さんの上達を祈願したいときには、弁財天が祀られている神社もおすすめです。

◆スポーツに縁のある神様が祀られている神社

スポーツや勝負事にご利益があるとされる神社も、日本各地に多くあります。そのひとつが、あらゆる時代の武士たちがこぞって信仰した八幡神社です。

日々、戦いの場に身を置いていた武士たちが多く信仰した由縁から、今では八幡神社が勝負事の神様として参拝されるようになりました。そこから転じて、スポーツの神様になりました。

昔の武士たちが、八幡神社が勝負から転じてスポーツの神様に様変わりしたなんて知ったら、さぞ驚くことでしょうね。

また、和歌山県田辺市の熊野本宮大社をはじめ、全国の多くの熊野神社はサッカーの神様として有名です。

理由はいろいろあるのですが、そのひとつが八咫烏《やたがらす》です。初代神武天皇を熊野から大和国に導いた八咫烏が、熊野神社のシンボルマークになっています。

この八咫烏が、日本サッカー協会のマークに使用されたこともあり、熊野神社がサッカーの神様として人々に信仰されるようになりました。

また、平安時代の蹴鞠《けまり》名人として名高かった藤原成通が、当時、貴族の間で流行していた蹴鞠を上達させようと、50回以上も熊野詣をしたとも言われています。

サッカーだけでなく、スポーツ全般の守護神とされているのが、京都市上京区に鎮座する白峯《しらみね》神宮です。蹴鞠の宗家であった「飛鳥井家《あすかい》」の邸宅地跡にあり「まり」の守護神が祀られています。

そのことから、サッカーや野球など球技の選手の参詣を受ける神社として広まっていきました。

現在では球技だけにとどまらず、スポーツ全般や習い事関連でのご利益を求め、お参りにくる人が増えているようです。

◆文武両道の神様が祀られている神社

文武両道といえば、スサノオです。スサノオは、神話のなかでも有名な神様なので、その名を聞いたことがある人も多いのではないでしょうか？

スサノオは、姉のアマテラスを困らせたほどの荒れた一面を持つ神様としても有名ですが、知恵と武術でヤマタノオロチを退治した英雄でもあります。

ちなみに、スサノオの名前は「荒れながらも進む」という意味とも言われています。とにかくエネルギッシュな神様なのです。

また「八雲立つ　出雲八重垣　妻籠みに　八重垣作る　その八重垣を」という日本最初の和歌を詠んだともされ、まさに文武両道の代表のような神様なのです。

スサノオは京都市東山区の八坂神社をはじめ、全国各地の神社に祀られています。関東地方に多く鎮座する氷川神社も、スサノオが御祭神なんですよ。

勉学や芸術に秀でた神様が祀られている神社

お近くの天満宮、天満神社、菅原神社、天神さんなど

僕が見つけた、スポーツに縁のある神社

吉田春日神社（大阪府・ラグビー）、甲子園素盞嗚《すさのお》神社（兵庫県・野球）、勝速日《かつはやひ》神社（三重県・モータースポーツ）など

文武両道の神、スサノオが祀られている神社

お近くの八坂神社、氷川神社など

挫折や失敗から立ち直るきっかけを探しているあなたへ

「仕事で大きな失敗をして以来、モチベーションが上がらない」

「試合に負けて落ち込む子供を、どう励ませばいいのだろう？」

「自分の失言のせいで、人間関係が気まずくなってしまった」


一度、失敗や挫折を経験すると、なかなか立ち直れないものです。一生懸命に努力してきたとしても、それが叶わないことだってあります。

しかし、どんなに著名な人物でも、失敗を一度もしなかった人などいません。その経験を糧に前進したからこそ、明るい未来を築けたのだと思います。

たとえ大事な仕事で失敗しても、試合で負けても、へこたれず次に進まなければ明るい未来はやってきません。我が子にも、ぜひそんなふうに強くあってほしいと願う親御さんも多いことでしょう。

そうはいっても、失敗の後すぐに立ち直るのは難しいものですよね。そんなときは、どんな環境にあっても耐え忍び、その状況を打開して、いわば「復活」した神様がいる神社にお参りしてみてはいかがでしょうか？

◆「復活」した神が祀られている神社

ここで紹介するのは、長い不遇の時代もありましたが、今では多くの人々に崇められている神様たちです。

まずは、第75代崇徳《すとく》天皇です。崇徳天皇は、鳥羽天皇の第一子として生まれました。平安時代のことです。

しかし皇位継承問題が起き、地方へ追いやられてしまいます。天皇もしくは上皇の配流は、当時約４００年ぶりのことだったそうです。追いやられた先は、讃岐。今の香川県です。

そこで新たな生活を始めました。その生活のなかで、都へ戻りたいと何度も嘆願したそうです。しかしそれは、ことごとく跳ね返されました。都へ戻りたい気持ちの表れか、髪と爪を伸ばし続けていたそうです。そして夜叉のような姿になり、生きながら天狗になったとも言われています。

そして、ついには都へ戻ることなく、配流先の讃岐で崩御されました。

その後、京で大火事が起こったり陰謀が渦巻いたりと、社会が混乱を極めます。人々の間で「これらの災いは、崇徳天皇の怨念に違いない」との噂が広まり、ついには「日本三大祟り神」に数えられてしまいます。

しかしその一方で、崇徳天皇は四国を中心とした民衆の間で「守り神」としても崇められるようになります。加えて「崇徳天皇を弔ったら出世をした、戦に勝てた」という言い伝えも広まっていきました。

後世では、和歌の才能も知られるようになり、崇徳天皇を支持する人も増えていきました。

ちなみに崇徳天皇は、配流先の近くであった金刀比羅宮《ことひらぐう》にも祀られています。また京都市上京区の白峯神宮は、崇徳天皇を祀るために創建されました。

その他に僕がぜひご紹介したいのが、セオリツヒメという謎多き神様です。セオリツヒメは、一度は歴史の表舞台から姿を消したと言われていましたが、今では少しずつ知られるようになってきた神様です。

水の神様で、美しい川の流れを表した神様だとも言われています。

そのため、滋賀県大津市に鎮座する佐久奈度《さくなど》神社や、兵庫県たつの市に鎮座する井関三神社など、セオリツヒメを祀る多くの神社は水辺にあります。

また、アマテラスとも関係があると言われたり、一部では実はアマテラスの別の一面なのだとも信じられてきました。

セオリツヒメは、古事記や日本書紀には登場しない神様ですが、人々の伝承によって長く伝えられてきました。

僕が全国各地で神社巡りの旅をしていると、インターネットでは知ることのできないような話に出会うことがよくあります。地元の人たちから、そんな貴重なお話を伺うとき、神社巡りの醍醐味を感じずにはいられません。

人々の間で、口伝で繋がり続ける話。「人の話」は、建物ではないし形すらありませんが、そこにも神が宿っているような気がします。

神様は歴史から消えかけたとしても、地域の人々の心の中からは、なかなか消えないものなのでしょう。

一度は「祟り神」とまで言われた崇徳天皇も、歴史の表舞台から消えかけてしまったセオリツヒメも、このように多くの人たちに信仰されてきたのです。

失敗して人生の挫折を味わったとき、これらの神様にあやかるのもいいかもしれませんね。

僕が見つけた、セオリツヒメが祀られている神社

小野神社（東京都）、建水分《たけみくまり》神社（大阪府）など

安産・子宝を願うあなたへ

「子供を授かりたい」
「お腹の赤ちゃんが元気に生まれてきますように」
「そろそろ孫の顔が見たいなぁ」

子は宝です。僕にも2人の子供がいますが、彼らが生まれてきてくれたことは何よりも幸せでした。
子供ができたときから、街に妊婦さんが急に増えた気がしました。もちろん妊婦さんが急に増えるなんてことはないのですが、見ている世界が一変してしまうほどでした。

「これからは僕が親になって、自分の家族と人生を歩むんだ」

そんなふうに思うことができたのです。

子供ができることは、親にとっても人生の新しいステージの始まり。そして、ここまでの愛情を注げる存在に出会えるということは、何よりの奇跡だと思うのです。

◆安産・子宝祈願には水天宮

安産や子宝の神社として有名な水天宮は、福岡県久留米市にある水天宮を総本宮とし、数えられるだけでも全国に27社あります。

源平の戦いのなかでも、有名な壇ノ浦の戦い。追い詰められた平家一門は、都から連れ出したまだ6歳の安徳天皇とともに入水してしまいます。

しかし、このとき奇跡的に生き延びた女性がいました。その女性が逃げてたどり着いた場所で、安徳天皇や平家の人たちを祀ったのが、福岡県久留米市の水天宮だったそうです。

安徳天皇の生涯には諸説あります。実は壇ノ浦では崩御されておらず、生き延びたという伝承が各地に存在します。

いずれにしろ、まだ小さい子供の話を哀れに思った人々の優しい気持ちが、そのような話を生んだのでしょう。そんな想いから、水天宮が子供の守り神と言われるようになったのかもしれませんね。

また、戌の日に腹帯をして、お参りをするという習わしをご存知でしょうか？全国の神社でも、戌の日には多くの妊婦さんがお参りに来られます。

犬は、一度にたくさんの仔犬を産みます。そして、何より安産だといいます。そのことから、昔から安産の象徴だとされてきました。その犬にあやかろうと戌の日にお参りするようになったのですね。

◆コノハナサクヤヒメが祀られている神社

前述の「神様が親子で祀られている神社」にも登場したコノハナサクヤヒメは、安産・子宝の神様としても有名です。

コノハナサクヤヒメは、アマテラスの孫であるニニギと結ばれ、妊娠します。しかし「1度しか会っていないのに妊娠するとは、本当に俺の子なのか？」と、ニニギに疑いをかけられてしまいます。

そこで「本当にあなたの子であれば、いかなる状況でも元気に生まれてくるでしょう」と言い、自ら産屋に火をつけて、そのなかで3柱の神を無事に出産したという神話があります。

また前述のとおり、コノハナサクヤヒメは富士山に宿る神としても有名です。昔の人は、燃える産屋での出産のエネルギーと、火山である富士山の噴火のエネルギーとを結びつけて考えていたようです。

このことから、コノハナサクヤヒメが祀られている富士山本宮浅間大社は、安産・子宝、そして家庭円満のご利益があるとされています。コノハナサクヤヒメが祀られている浅間神社は各地にあるので、お住まいの近くの浅間神社へお参りに行くのもいいでしょう。

実は、僕自身にもこんな体験があります。

それは数年前、東京都大田区にある多摩川浅間神社に参拝したときのことでした。

境内には、多摩川を望む景色を一望できる場所があります。強烈な光を放ち、一日の終わりを告げる夕日。東京23区内では珍しい景色です。

参拝後にそこへ行ってみると、夕方のオレンジはさらに深まっていました。その景色を前に時間を忘れて立ちつくす僕を、マネージャーが後ろから携帯のカメラで撮っていてくれました。

その写真を見てみると、僕のジーンズのポケットに丸い何かが写っています。

「きっと眩しい夕日の光が写り込んだんだろう」

そのときは、もちろんそう思いました。

けれど「それにしてもいいところに写り込んだ」とも思いました。こういう出来事も含め、何事もポジティブに考えた方がよいですからね。

だって、知らないうちにポケットに光が舞い込むだなんて、素敵なことですから！

その後すぐに、妻の第一子妊娠が判明。コノハナサクヤヒメが祀られ、家庭円満・安産・子宝のご利益があるとされる神社を参拝したときの出来事です。
僕にとっては一生忘れられない思い出になりました。

コノハナサクヤヒメが祀られている神社

お近くの浅間神社など

コラム 二

初穂料の正しい納め方

妊婦さんのなかには、安産を願い、戌の日にご祈祷を受ける方も多いのではないでしょうか？　その他にも初詣や厄除け、七五三で参拝し、ご祈祷やお祓いを受けるときには「初穂料」を納めます。

ご祈祷以外でも、お守りなどを受ける授与所などで「初穂料」という言葉を見聞きしたことがあると思います。

さて、この初穂料。どういった意味なのでしょうか。

私たち日本人にとって、なくてはならないもの。そのひとつに、お米があります。その年に初めて穫れたお米は、人が口にするのではなく、まず神様に捧げて感謝していたそうです。これを「初穂」といいます。昔は貨幣経済ではなかったので、神社へは稲穂をはじめ作物を奉納していました。そのことから、現在でも神様へ奉納するお金のことを「初穂料」と呼んでいるのです。

貨幣経済のなかに生きている現代人。その僕たちが神社に参拝する前に、知っておかなければいけない大切なことがあります。

それは「買う」のではなく「受ける」ということです。


神社では、お守りを売っていません。実は、頒布しているのです。

つまり神社の人が商売をしているのではなく、神様の代わりに参拝者へ手渡しているのです。ですので、僕たちも「支払っている」のではなく「納めている」という感覚を持ちましょう。


通常の参拝では、社殿の前にある賽銭箱にお金を入れて参拝しますが、それは簡略化されたスタイルなのです。ご祈祷やお祓いなどは、いわば正式な参拝なので、その際の初穂料も丁寧に納めます。

お金は、のし袋か白い封筒に入れ「初穂料」などと表書きしましょう。お釣りはいただきません。

初穂料は神様へ納めるものです。これらのマナーを忘れずにいたいですね。

ペットの健康や長寿を願うあなたへ

「子猫がすくすく育ちますように」
「ペットの病気が早く良くなってほしい」
「我が家のワンちゃんが少しでも長生きできますように」

ペットも大切な家族の一員。犬や猫、うさぎなど、いろいろな動物を家族の一員として迎え入れている方もたくさんいらっしゃいますよね。そんな社会の変化にともない、ペットお守りを頒布する神社も出てきました。

意外にも、神様と動物には昔から深い繋がりがありました。稲荷神社の狐が有名ですが、考えてみれば「狛犬」や「鳥居」の字のなかにも動物が入っています。神社にまつわる動物を探せば、ペットを飼っているあなたとの共通点が見つかるかもしれませんね。

ただ、ペットを連れての参拝には注意が必要です。神社は公園ではありません。神社ごとにあるルールを守りましょう。

◆動物に所縁の深い神社

例えば、神奈川県座間市の座間神社。境内には、伊奴寝子社《いぬねこしゃ》というお社があります。ここはペットを飼っている人たちや、動物好きな人たちが参拝する神社として有名です。

通常は狛犬がいる場所には、右側に犬が、左側に猫が置かれていて、その愛らしい石像を見るだけでも癒やされますよ。御朱印にも犬と猫があしらわれていて、とても可愛らしいのです。

また、東京都青梅市の武蔵御嶽神社《むさしみたけじんじゃ》には、おいぬ様という信仰があります。狛犬がニホンオオカミを象《かたど》ったヤマイヌの型をしているなど、犬と縁の深い神社です。近年では、飼い犬と一緒にお参りする人が増えているそうです。

他にも、出雲大社には白うさぎの石像がたくさんあります。これは、御祭神のオオクニヌシと白うさぎに深い縁があるからです。

「因幡《いなば》の白兎《しろうさぎ》」という話をご存知でしょうか？　オオクニヌシは大勢の兄たちの荷物を持たされ、一行の最後を歩いていました。その兄たちの前に、皮を剥がされて苦しんでいるうさぎが現れます。兄たちは助けるどころか、嘘の治療法を言い残し立ち去りました。話を信じたうさぎは、嘘の治療法を実行し、さらに苦しんでしまいます。

そこへ、オオクニヌシが通りかかります。オオクニヌシは兄たちと違い、困り果てて苦しむうさぎに優しく接します。そして、本当の治療法を教えてあげるのです。

オオクニヌシの正直さや優しさが描かれたこのストーリーは、オオクニヌシのその後を変えていく大事なポイントになります。うさぎを飼っている人には、出雲大社が身近に感じるられるエピソードではないでしょうか。

また、戌の日参りにちなんで犬の像が置かれている水天宮もあります。

このように、神社にはさまざまな動物がいるんですよ。

神道には「神使《しんし》」と呼ばれるものがあります。神様の意思を人に伝えたり、神様を守ったりする動物のことで、神様の使いとされています。

動物の種類は神様や神社によって違い、八幡宮は鳩、伊勢神宮は鶏、住吉神社はうさぎ、日吉神社は猿などです。

その神使が、社紋としてシンボルマークになっている場合もあります。

このように神社と動物には、深い繋がりがあります。

あなたが飼っているペットに所縁のある神社を見つけて、健康や長寿を祈りに参拝に訪れてみるのもいいのではないでしょうか？

僕が見つけた、動物と所縁のある神社

北星神社（千葉県・亀）、霊犬神社（静岡県・犬）、白兎神社（鳥取県・うさぎ）など

コラム 三

左右のうち一方は、実は狛犬じゃない!?

神社の社殿の前など、境内で見かける狛犬。魔除けの力があるとされていたことから「拒魔犬《こまいぬ》」と呼ばれるようになったという説や、朝鮮半島から伝来したことから「高麗犬《こまいぬ》」となったという説などがあります。

誰もがよく知っている狛犬。けれど、片方は狛犬じゃないと言ったら、驚く人も多いのではないでしょうか?

一般的には、2体で一対と思われている狛犬ですが、実は狛犬は片方だけで、もう片方には違う名前があります。その名も、獅子。唐の時代に、仏教とともに大陸から入ってきたと言われています。獅子は架空の生き物で、人に降りかかる厄や悪いことを食べてくれるそうです。

その2体が神社に置かれるようになり、外見も区別されるようになります。右側の獅子は口を開けていて、左側の狛犬は口を閉じていて角《つの》があります。

最初はこのルールがしっかり守られていたのですが、時代とともに人々は狛犬と獅子の違いを忘れてしまいます。そのうえ、両方をまとめて狛犬と呼ぶようになったのです。

さらには、その違いを知らずに、多くの狛犬が奉納されたり作られたりもしました。そのため、現在ある狛犬は口の形や角の有無など多種多様なものが存在しているのです。

そして驚くべき説がもうひとつ。朝鮮半島や唐から伝わったとされる獅子ですが、その前はどこからやってきたのだと思いますか？

なんと、今のエジプト近辺だという説があるのです。ピラミッドを守るように建つ、あのスフィンクスがルーツなんだとか。

神社にある狛犬のルーツが遥か遠くのスフィンクスだなんて、なんだか夢があるとは思いませんか？

過去のトラウマを断ち切りたいあなたへ

子供の頃の僕は、黙っていることが苦手で「しゃべりすぎ！」なんて、よく怒られていました。でも、今では「しゃべりすぎ」が高じて、ラジオなどの仕事をさせていただいています。

子供の頃の弱点が大人になって仕事に生きてくるのですから、人生はわからないものです。

そんなふうに一見すると明るく見える僕にも、トラウマがあります。

誰もがきっと、トラウマを経験した場所へは、できれば二度と行きたくないものでしょう。僕で言うならば、幼少期を過ごした街です。

家庭の事情で転校を繰り返していたので、いくつもの街に記憶が染み込んでいるのですが、そのなかのひとつ。幼少期を過ごした家の近くに、とても小さな神社がありました。

もちろんその頃は、神社の大切さなどを考えたこともありませんでした。ただそこにある当たり前の風景だったので、今からは考えられませんが、境内はおろか社殿で遊んだりもしていました。でも、大人になった今になって思えば、それも神社の良き姿なのかもしれませんね。

神社や街に罪はありませんが、そこで過ごした頃の記憶が辛いので、あまり良い印象がありません。大人になるにつれて、その街のことも忘れていきました。もしかしたら、無意識に記憶にフタをしていたのかもしれません。

しかし5年前ほど前に、仕事でその街を訪れる機会がありました。そのとき初めて、僕は生まれ育った場所を訪れてみたのです。

◆ふるさとの神社

大人になってみると、子供の頃は大きいと思っていた交差点が、とても小さいものだったことに気が付きました。長いと思っていた階段も、短く感じました。記憶をたどり、小さな頃によく遊んだ「あの場所」を探します。

そしてついに、その神社を見つけたのです。

無人の小さな神社に参拝し、しばらく境内を見ていました。懐かしいその場所に立ち戻っても、まったく良い思い出は浮かんできません。ただ、昔と何ら変わらないその景色をただ見ていると、そこで遊ぶ少年時代の僕が見えてくるようでした。

そのとき、今なら幼少期の僕に「もう大丈夫だよ」と、言ってあげられるような気がしたんです。

そして同時に、こんな言葉が心に浮かんできました。

「何かを恨んでいても、自分の心が貧しくなるばかりだな」

解決策がないのなら、フタをして一旦逃げてもいい。なんなら、いつまでもそのままでいい。

受け入れられる日が、いつか必ず訪れます。

受け入れるとは「悪いのは相手だけれど、責めても仕方ないから自分が我慢する」ということではありません。

相手を責めても仕方がない。だからといって、相手を許せない自分も責めてはいけない……。そう、誰も悪くないのです。


過去との決別や、人との縁を切ることにも執着してはいけません。

ましてや、神様や神社にお願いしたからといって、頼りきってはいけません。

「縁を切りたい」と思っていると、かえって「縁を切った」という気持ちにとらわれてしまうのです。


「縁を切ったのに」電話がきた。

「縁を切ったのに」噂を聞いた。

縁を切ることばかりにとらわれると「〜したのに」と、関係のないことまで悪いことに思え、自分だけ運が悪いように感じたりします。そんなとき、周りは意外にいつも通りだったりしますよね。

大人になってから行った神社で、僕はこんなことに気付くことができました。幼少期の僕に言った「もう大丈夫だよ」は、もしかしたら大人の僕へのメッセージだったのかもしれません。

もし過去のトラウマを断ち切りたいと思ったら、そのトラウマを感じていた頃に過ごした土地の神社へお参りしてみてはどうでしょうか？

今訪ねてみると、新しい発見があるかもしれませんし、「その頃の自分とはもう違うんだ」と、気が付くことができるかもしれません。

ただし、くれぐれも無理はしないようにしてくださいね。

トラウマの地へ赴かなくても、あなたが通った通学路や子供時代を過ごした地域にある神社など、故郷の神社を訪れるのもいいでしょう。

大人になってから再訪してみると、子供の頃には気付かなかったさまざまな景色が見えてくることでしょう。懐かしいその景色のなかに、トラウマから抜け出すヒントが隠れているかもしれませんよ。

全国に何万もあるという神社。だからこそ、あなたの人生のどのページでも、きっと近くに神社があったはずです。

もちろん神社は神様の場所であり、自分のご利益を求める気持ちをぶつける場所ではありません。しかし記憶を振り返れば、人生の大事なそれぞれの時点には、必ずと言っていいほど神社にまつわる思い出があったことでしょう。

ときにはそんなふうに神社を訪れてみるのもいいのではないでしょうか？


トラウマを断ち切りたい人におすすめの神社

それぞれの思い出の神社

第二章

人生の節目にこそ訪れてほしい神社

家族や友人たちと楽しむ旅行などの楽しいイベント。試験や試合などの頑張りどき。そして、大切な誰かを失い悲しみにくれる日々……。人生にはさまざまな場面があります。そしてそのどれもが、かけがえのない瞬間です。そんな、人生の節目にこそ訪れてほしい神社を紹介します。

受験や試験など「ここぞ！」という勝負の前に

「今度、資格を取るための試験がある」
「子供や孫が受験を控えている」
「大切な試合で絶対に勝ちたい」

人生を左右するような一大事が控えているときは、居ても立ってもいられないですよね。「できることは、やりつくした」。それでも、行き場のない思いや緊張が胸を締めつけます。

そんなときには、勝負事に強い神様が祀られている神社を参拝して、試験や試合などの緊張を落ち着かせるのもいいのではないでしょうか？

神社に参拝し、今まで積み重ねてきた努力を確認する。そして試験などの負けられない勝負に挑む。そんなときにぴったりな神社をご紹介します。

◆武運の神を祀る神社

まずは、全国に数多くある八幡宮や八幡神社。御祭神は八幡神です。全国に8万社以上あると言われている神社のなかで、八幡神を祀る神社は1万社以上もあるそうです。一説には、2万社以上あるとも言われています。でも、八幡神と言われて「ああ、あの神様ね」となる人は少ないのではないでしょうか?

それもそのはず。八幡神社の神様は少し変わった経歴をお持ちなのです。総本宮は、大分県宇佐市にある宇佐神宮。八幡神はもともとは宇佐地域で信仰されていた神様でした。

初めは「やわた」と呼ばれていたそうで、人間を介してアドバイスやメッセージをくださる神様として有名になっていきます。

その後、平安時代頃までには「八幡神とは応神天皇のことだ」と信仰されるようになりました。さらに時を経て、仏教の菩薩と習合し「はちまん」と呼ばれるようになったそうです。

仏教は大陸から伝来したもの。ですから訓読みの「やわた」から、音読みの「はちまん」に変わったのでしょう。

アドバイスやメッセージをくださる神様として、東大寺の大仏建立の後ろ盾となった八幡神。時代とともに、天皇からの庇護を受けることになります。

たしかに変わった経歴ですが、ここではまだ「勝負事の神様」ではありませんでした。

その後、総本宮の宇佐神宮から神様が分けられ、京都の裏鬼門（南西）に新たな神社が建てられます。それが今の京都府八幡市にある石清水《いわしみず》八幡宮です。

ここで元服し、八幡神を自身の守り神にした武士がいました。その名は、源義家。義家は後に鎌倉幕府を開いた源頼朝の先祖にあたる人物です。

後に頼朝も、義家同様に八幡神を大切にしました。ここから八幡神は源氏の信仰を受けるようになっていきました。

源氏が勢力を拡大していく先々で、八幡神も祀られていきます。鎌倉の街の中心には、鶴岡八幡宮が鎮座しています。

このように源氏をはじめ、多くの武士たちが信仰したことから、八幡宮や八幡神社は「勝負事の神様」になったんですね。

全国に1万社以上あると言われている神社ですから、あなたのお住まいの地域にも、きっと八幡神社や八幡宮が鎮座していることでしょう。

大事な勝負事の前には、お近くの八幡神社に参拝してみてはいかがでしょうか。心を落ち着かせ、勝負に挑むことができるはずです。

◆「鹿島」「香取」神社

勝負事の神様、武道の神様として他にも僕がおすすめしたい神社があります。それは「鹿島」「香取」の両神宮です。

茨城県鹿嶋市に鎮座する鹿島神宮。そして、千葉県香取市に鎮座する香取神宮。祀られているのは、タケミカヅチとフツヌシという神様です。

神様の名前を言われても、なかなかピンとくるものではありませんね。ですが、「国譲り」と聞けば、なんとなくご存知の方もいるのではないでしょうか？

そうなんです。かの有名な「出雲の国譲り」で活躍したのが、この神様たちなのです。

鹿島神宮に古くから伝わっている武術の技は、タケミカヅチが実際に使った技だそうです。また香取神宮のフツヌシから授けられたという武術も、今に伝わっています。

このように、「鹿島」「香取」に祀られているのは、武術に優れた力強い神様たちなのです。

もちろん、鹿島神宮は武士たちにも信仰されていました。

その昔、九州沿岸の警備にあたる人を防人《さきもり》と呼びました。関東の人たちも、防人になるために大勢が派遣されたそうです。

命をかけた職ですし、当時としては途方もなく遠い地への赴任。相当の覚悟が必要だったことでしょう。

「鹿島立ち」という言葉がありますが、これは防人の任にあたるため九州の地へ向かう人たちが、旅立つ際に鹿島神宮で無事を祈ったことが由来の言葉です。

そのことから、今では門出などを表す言葉としても使われます。

それにあやかって、人生の新たな門出となる出来事や、絶対に負けられない勝負の前に参拝してみてはいかがでしょうか？

鹿島神宮・香取神宮の神様は、全国の鹿島・香取神社の他にも、奈良県の春日大社をはじめ、全国の春日神社にも祀られていますよ。

勝負事に強い神様が祀られている神社

お近くの鹿島神社、香取神社、春日神社など

旅行の前の安全祈願に

「海外旅行に行くので、出発前にお参りしたい」
「子供がスキー合宿へ。無事に帰ってきますように」
「長期の旅を予定しているので不安だ」

旅行は非日常的で、新たな出会いを体験するもの。ですが、いつもと異なる環境になるからこそトラブルの可能性が高くなるのが旅行です。また、移動する距離が長くなる場合も多いので、安全への不安も大きくなります。

住まいを離れる報告も含め、旅行の前には安全を祈願しに神社へ参拝したいものです。この「一呼吸」が、旅行をより楽しいものにすることでしょう。

◆交通安全の神様として信仰されている神社

旅立ちの前には、交通安全の神様を参拝してみてはどうでしょうか？

例えば、全国にある住吉神社。こちらは、交通安全の神社として有名です。


こちらの御祭神は、ソコツツノオ、ナカツツノオ、ウワツツノオ。この三神は水や海の神様で、水の底からソコ（底）ツツノオが、水の中ほどからナカ（中）ツツノオが、水面からウワ（表）ツツノオが生まれたと言われています。

水の神様・海の神様として、航海の神様だったということでしょうか。


この三神に守護され危険な航海に挑んだのが、夫の仲哀《ちゅうあい》天皇亡き後、国を率いた神功《じんぐう》皇后です。神功皇后はその後、無事に帰国されます。

これらのことにあやかり、住吉神社は海運交通の神様として、船乗りを中心に信仰されるようになりました。

昔は遠出や遠征の交通手段といえば船がメインでしたが、今では車や飛行機など多くの交通手段が存在します。ですので、現在は海上交通に限らず「交通安全」の神様として広く知られているのです。

またこれは僕の勝手な想像ですが「住吉三神は、航海に必要な星だったのでは?」とも思ったりするのです。

機械もない時代、長い航海は至難の業。方角や進んでいる方向を知るために、わかりやすい星を利用したのではないでしょうか。

星座に詳しくない僕でも知っているオリオン座。中心には、3つ並んだ星がありますす。それによって航海が無事に運ぶならば、まさに神業ですからね。

神功皇后をはじめ、船乗りや旅人によって全国に広がった住吉神社。あなたが住んでいる地域にも、鎮座されているかもしれません。

旅行などに出発する前に、参拝してみてはどうでしょう?

その他の乗り物で言えば、その名も「飛行神社」という神社があります。鎮座地は京都府八幡市。この神社は、二宮忠八という人が自邸内に「古代の空の神」といわれたニギハヤヒを祀ったのが始まりです。

彼は、日本で初めて固定翼の理論を発見した人。その二宮忠八が、空の安全を願って建立したそうです。

他にも「航空神社」という名の神社が、全国に何社か存在します。

僕が参拝させていただいた多くの航空神社には、プロペラなどの飛行機にまつわる機器が奉納されていました。近代的な機器などが神社にあるなんて、なんだか不思議ですよね。

さらには「これ以上に神秘的な乗り物は、他に存在しないのでは?」と、僕が思う乗り物があります。それは、天磐船《あめのいわふね》です。

なんと、神様が降臨されるときに乗っていた船なんです。船と言っても、海を渡るものではありません。空を飛ぶ船です。

「神話で登場する乗り物でしょ?」と思いましたか?

実は、この天磐船が実際に御神体とされている神社があります。大阪府交野市に鎮座している磐船神社です。

それは舟形の巨石で、見る者を圧倒する大きさをしています。海運や航空に限らず、多くの交通関係者から信仰されているのです。

このように、旅行の前に参拝するのにぴったりな神社はさまざまあります。ぜひ、お近くの神社を探してみてくださいね。

交通安全を祈願できる神社

お近くの住吉神社、航空神社など

初詣や七五三、お宮参りなどに

「初詣は有名な神社に行くべきなのかな？」

「お宮参りは、戌の日参りに行った神社と同じ神社に行くべき？」

「子供の七五三詣に、どこの神社へ行くべきが迷っている」


普段は神社に行くことがあまりないという方でも、年始や人生の節目には参拝する機会もあることでしょう。そんなとき、どこの神社へ行けばいいのか迷ったことはありませんか？


例えば初詣の際には、「有名神社に行った方がご利益がありそうな気がする」とか「今年は厄除にいい神社に行きたい」といった声を、よく耳にします。

「毎年、違う神社へ行く」という人もいらっしゃるのではないでしょうか。

また、お子さんやお孫さんができると、人生のなかでますます神社と関わる機会が増えていくことでしょう。

妊娠中の戌の日参りから始まり、お宮参りや七五三など、子供の健やかな成長を願う行事も「それ専門の神社に行かなければ」と思っている方もいるかもしれませんね。

しかし、ここで心掛けていただきたいことがあります。それは、まずはなによりも氏神様が大切だということです。

◆氏神様とは？

「氏神様」という言葉、よく聞きますよね。なんとなくみなさん、「自分の住んでいる地域にある神社のことかな？」「その地域をおさめる神社のことだよね？」というイメージだと思います。

まさにその通りで間違いはないのですが、時代とともに意味合いが少し変化をした部分もあります。

その名の通り、昔は同じ氏を持ち血縁関係のある一族が、自分たちに縁のある神様を氏神として祀っていました。今のように、土地に根付いた神様というわけではありませんでした。

しかしライフスタイルが徐々に変化するなかで、次第に氏神の意味合いも変わっていき、今では氏に関係なく、地域の神様を氏神と呼んでいます。


自宅のすぐ近くに神社があるという方もいらっしゃることでしょう。しかし、必ずしもそれがお住まいの地域の氏神様だとは限りません。

お住まいの地域の氏神様が祀られている神社を一度調べてみるのもいいでしょう。近くの神社へ問い合わせるのもいいですし、インターネットで検索すると出てくる場合もあります。

もちろん、初詣や七五三の際には、居住地の氏神様へ参拝に行くことが絶対の決まりと言うわけではありません。まずは住んでいる所から近い神社へ参拝することが大切です。

神社のなかには、氏子地域を持たない崇敬《すうけい》神社と言われる神社もあります。文字通り氏子地域を持ちませんので、崇敬している人々によって続いてきた神社です。

もちろん氏神様と、この崇敬神社の両方を参拝しても差し支えありません。

その他にも、住んでいる地域には「産土神《うぶすながみ》」や「鎮守神《ちんじゅがみ》」などさまざまな神様がいらっしゃるんですよ。

そもそも、なぜ人生の節目には氏神様が大切なのでしょうか？

それは、「住んでいる地域の神様だから」だと僕は考えています。

身近な人や物への感謝の心無くして、自分の願いなど叶うわけがないのです。「灯台下暗し」という言葉もあるように、神様やご利益もきっと同じではないでしょうか？

それを教えてくれるのが氏神様なのです。

七五三などの人生儀礼は、自分たちのために行うイベントではありません。

未来への願いの場ではありますが、大前提として神様への御礼と報告の意味があるのです。

住んでいる地域の神社への参拝の機会を、ぜひ大切にしてみてください。

初詣や七五三、お宮参りなどに参拝してほしい神社

お住まいの地域のそれぞれの氏神神社

コラム四

初詣に行くべき神社と時期

「初詣には必ず氏神様から行くべきでしょうか?」

僕はよく、こんな質問をされます。

一年で最初に神様へ挨拶に行く機会である初詣は、まずは住んでいる地域の神社を参拝されるのがよいとされています。

しかし、そんな決まりがあるわけではありませんし、縛られすぎるのもよくないのではないかとも思います。

例えば、お正月を迎えたのが旅行先だった場合。目の前に神社があるのに「氏神様ではないから」という理由で参拝しないのはもったいないと思うのです。

また「お正月は毎年、帰省をして過ごしている」という人も少なくありませんよね? そんな方はぜひ、実家の近くにある昔馴染みの神社に行ってみてください。

自分の変化を確認する機会として、初詣に行くのもいいと思います。

また、同じように「初詣はいつまでに行くべきでしょうか？」という質問もよく受けます。

「初詣は三が日に行かなければならない」と、思っている人もいるかもしれませんが、もしそんなルールがあるとするならば、現代社会は回らなくなってしまいます。

お正月も、大勢の人たちが働いてくれています。仕事が一段落してからその人たちが行った初詣は、それが何日であっても、その人にとっての初詣であることに変わりはありません。

三が日に行くことが重要なのではなく、「参拝すること」が大切なのです。

大切な人を失ったときに

「夫が亡くなり、この先ひとりでどうしたらいいのかわからない」
「母の死後、もっと親孝行すればよかったと後悔している」
「子供が先立ってしまってからだいぶ経つのに、立ち直れない」

家族や友人などの大切な人と離れてしまうとき。そして、もう二度と会えないとわかったとき。多くの人が大きな絶望に襲われるでしょう。
もしかしたら、そんな悲しみをすでに経験された方もいるかもしれません。生きる気力を失い、どうしたらいいのかと落ち込む日々を味わった方もいるでしょう。

そんなときにこそ、僕は神社に参拝することをおすすめしたいのです。

◆神社は願いを叶える場所ではなく、祈る場所

僕はこれまでに2度、神社巡りをやめようと思ったことがあります。数年前に大切な友人を失ったときが、その2度目でした。

それは友人が死の淵に立ったときのことでした。

僕は、その人の家族や周りの人たちから「代わりに祈ってほしい」と言われました。

周りにいる方々は、その人のそばを離れられませんからね。全国の神様へ参拝に行っている僕に、そう声をかけてくださったのでしょう。

参拝のたびに、手を合わせるたびに、僕はその人の顔を思い浮かべて神様にお願いをしました。

そんな神社巡りがどれくらい続いたでしょうか。やがて、その人は亡くなりました。

そして、僕はこう思ったのです。

「どれほど願っても命を救うことができないのであれば、僕の神社巡りに意味などあるのだろうか？」

僕は、何かを成し遂げたくて数多くの神社を巡っているわけではありません。まして、自分に特別な力があるとも思っていません。

しかし、願いの旅は無力で命は助かりませんでした。このときほど、自身の神社巡りを無意味に感じたことはありませんでした。

やりきれない思いが生んだ心の空白。

僕は、神社巡りをやめようと思ったのでした。


だけど、同時に気が付いたのです。あのとき、友人の回復を願って祈り続けた神社巡拝の旅。それは、結果や効果を求めてお願いしていたわけではなかったはずです。あれは、祈りだったんだと……。

僕に「代わりに祈ってほしい」と言ってくれたご家族や周りの方々も、同じ思いだったのではないでしょうか。

神社は願いごとをする場でもありますが、同時に祈りの場でもあるのです。願いは、叶ったり叶わなかったりするもの。でも祈りは、叶うものでも叶わないものでもありません。

だからこそ祈りは、たとえ届かなかったとしても、悲しむことではないのかもしれない……。

そう気付いた後に訪れた神社で、僕はその友人の顔を思い浮かべ、一心に祈りました。すると、ふとその人が僕に笑いかけてくれたような気がしたのです。

「その人はもうここにはいない。けれど、僕の祈りが通じたんだ」

そう実感できました。

日本語には「命が宿る」という表現があります。人は死ぬと魂が自然に帰るのだと、日本では古くから考えられてきました。

山、川、海、木などの自然に宿っている命。

人間は自然の一部で、自然に生かされている存在なのだと、古来より日本人は考えてきたのです。

神社は、神様が宿る場所です。
だけど、あなたが手を合わせ、祈るそのとき。そこには、きっと大切なその人の魂も宿るに違いありません。

例えば、亡き人とよく訪れていた神社に行き、あなたがその人を想い手を合わせれば、きっとそこにはその人が宿っていることでしょう。
例えば、旅先の神社。ひとり旅だとしても、その神社で手を合わせると浮かんでくるのが亡き人の顔だとしたら、そこにもその人が宿っているのです。

そう考えると、悲しい顔ばかりしてはいられませんよね?
あなたにとって亡き人が大切な存在であったように、その人にとっても、あなたは大切な存在だったことでしょう。どうか笑顔で神社に参拝に行ってみてください。

僕の神社巡拝の旅も、けっして無意味ではなかった。そう確信を得て、僕は再び旅を続けることができたのです。

日本中にある神社。だからこそ、いつでもどこでも亡き人をそばに感じられるきっかけや機会があるのではないでしょうか？

大切な人を失ったときに訪れてほしい神社

亡き人を想い手を合わせれば、全国どこの神社でも

第三章

一生に一度は訪れたい！最強の開運あやかり神社

1万社以上の神社巡拝の旅では、さまざまな出来事がありました。そのなかで、特に思い出深い神社や、僕の人生に影響を与えた神社を、実際に経験したエピソードとともに紹介します。「その話、もっと聞かせてください」と周りの人の反響が大きかった神社ばかりを選びました。

嬉しい仕事の電話がかかってきた神社

　それは、岩手県花巻市に鎮座する丹内山《たんないさん》神社に参拝したときのことでした。

　僕はその頃、花巻市を中心に神社巡りの旅をしていました。その地に住む知人に「絶対に参拝した方がいい」と強く言われ、丹内山神社へ向かうことにしたのです。

　地元の人に神社を教えてもらえるのは、神社巡りの旅の醍醐味のひとつ。できる限り多くの神社を参拝していますが、数えられるだけで8万以上あるすべての神社を参拝することは、やはり不可能に近いことです。

　ですから僕は、このような機会をとても大切にしています。

　丹内山神社の境内には、まるで雨上がりかのような湿気と木々の匂いが満ちていました。

目に見える水流も目に見えない水脈も、どちらも十分なことがよくわかります。他に参拝者はおらず、人の気配がまったくないと言っていいほどの空間が広がっていました。

そこを歩いていると、小さな看板を見つけました。

看板には「雪がよく降る地域なのにつららができない」「雪が積もらない石がある」など、この神社に伝わる不思議な出来事が書かれていました。

僕の柏手が、誰もいない境内に響き渡ります。参拝を終え、何気なく見つめた先に、僕は本殿の裏へ続く小さな道を見つけたのです。

そこを上るとすぐに、アラハバキ大神の巨石が姿を現しました。１３００年も前から信仰を受けてきた巨石。近づくにつれ、とにかく大きいその存在に圧倒されます。

その巨石に倒れかかるように、板状の石が重なっています。

「巨石と、それに重なっている板状の石。その隙間を壁面のどこにも触れずに通り抜けることができれば、願いが叶う」。そんな言い伝えがあるそうです。

また、アラハバキの巨石は、胎内石とも言われています。

なるほど、それを母の体に見立てたんですね。そこを通り抜けることは、生まれ変わることと同じということでしょう。

丹内山神社の丹内とは、胎内のことを意味するのかもしれません。

だけど、どう見ても狭い。壁面に触れずに通り抜けるのは、僕には無理なように思えました。石は巨大なのですが、隙間はとても狭いのです。

しばらく考えましたが、隙間を行くことは断念しました。そこで僕は、石に手を合わせて参拝し、周りを一周することにしたのです。

石には緑が萌え、注連縄がされていました。

そうして胎内石をちょうど半分くらい回り、真後ろあたりに差し掛かったときのことでした。突然、僕の携帯電話が鳴ったのです。

ここは境内。しかも、御神体とされている巨石のすぐそばです。

ここで電話をとるべきかいなか、とっても迷いました。

だけど逆を言えば、こんなピンポイントで電話がかかってくるのもすごいことです。迷ったあげく、僕は電話にでることにしました。

「はい、佐々木です」
電話の相手は仕事関係の人で、大きな仕事のオファーだったのです。「いつかは絶対にやりたい」とずっと思っていた仕事だったので、もちろん即答でOKしました。

電話がかかってきたことは、偶然だったとわかっています。1万社も巡っていれば、こういうことも起こるでしょう。

でも、それにしてもタイミングが良すぎます。さすがは「生まれ変わることができる」と言われる巨石。伝えられているように通り抜けたわけではありませんが驚きました。

「こういうことって、本当にあるんだなぁ」と、残りの半周も一歩一歩、踏みしめながら歩きました。

僕の他には誰もいない境内。もの言わず、ただひっそりと佇《たたず》む巨石。

まるで巨石の裏側は別世界で、一周して元の世界に戻ってきたかのようです。

今でも忘れられない出来事となりました。

参拝した女性が号泣する神社

三重県熊野市に鎮座する花窟《はなのいわや》神社も、僕が全国各地の神社を巡っているなかで特に印象に残っている神社のうちのひとつです。

なぜなら、一緒にその神社を参拝した人が、必ず涙を流すのです。今まで2人の女性をお連れしたのですが、その2人ともが涙を流していました。

1人目は、今も僕のマネージャーをしてくれている女性。彼女とはそれまでも、日本全国の神社を一緒に巡ってきました。

それは、平成25年に2人で花窟神社を訪れたときのことでした。

花窟神社はとても珍しい神社で、本殿はなく、45メートルもの高さがある巨大な岩が御神体となっています。

僕たちは、森への入り口のような鳥居をくぐり、木々のなかを歩いていきました。とても巨大な岩なのでどこからでもわかるはずなのですが、木々に隠れ、近づけば近づくほどその姿が見えません。

木々を抜けやっと岩の目の前に出ると、ようやく姿を現した巨岩と同時に、ぱっと空が見えました。

そびえ立つ大きな岩を前に、僕は言葉が何も出てきません。見上げる岩は、まるで天と繋がっている壁のようです。

僕は、ただ立ち尽くしていました。

胸が熱くなると言えばいいのでしょうか。

理由はまったくわかりませんが、訳もわからないままに、涙があふれてきていました。

ふと我に返り、同行していたマネージャーを見てみると……号泣していたのです。相手が泣いていることに気付いていなかった僕たちは、お互いがお互いを見て驚いてしまいました。

その不思議な岩を眺めていると、何かを思い出すような感覚に陥りました。大切だった何かを思い出しそうになるのですが、それが何かは僕にはわかりませんでした。そこがまた、不思議なのです。

「経験していないことを、思い出す」

変な表現ですが、そう表すことが最も近い気がします。

2度目に訪れたときもそうでした。

平成29年、最初に参拝してから4年が経っていました。今度はラジオ番組で一緒になった仕事仲間の女性、それにマネージャーと僕の3人で訪れました。マネージャーが「理由もわからずにボロボロ泣いた」という話をしたら「私も行きたい！」と言ってくれたので、案内することになったのです。

神社へ到着し、僕は参拝。ふとその女性の立っている方を見ると、彼女もやはり、御神体の岩の前で号泣していました。

理由を尋ねると、「なんだかよくわからないけれど、とにかく……」と、ぽろぽろ泣くのです。

「泣く」という表現をすると、とても軽くなってしまいます。正確には「泣かざるを得ない」と言った方がいいかもしれません。

もちろん、訪れた人の全員が涙するわけではないと思います。ただ、「社殿がなくとも、手を合わせ、祈りの機会を共有する」ということは、古来の人々が神様に向かっていた姿そのものであるとも言えるのです。


花窟神社は、イザナミが葬られた場所として伝わっています。

イザナミは多くの神様を産みましたが、火の神様を産んだときに火傷を負ってしまい、それが原因で亡くなりました。

太古の昔も現代も、神様でも人間でも、出産が命がけであることには変わりないということでしょう。命に対するその想いが、何代も受け継がれていく。それを感じられるのが、花窟神社なのかもしれませんね。

昔の人に会うことはできませんが、昔の人の想いを受け取ることはできます。それも、神社の大切な一面なのでしょう。

見えない力に引き寄せられた神社

平成22年の9月から始まった僕の神社巡りの旅。1万社以上に参拝し、御朱印を拝受した神社も、今では3600社を超えました。

僕が初めて御朱印を受けたのは、伊勢神宮でした。「はじめに」でも記したように、自分でも何がなんだかわからずに向かったあの日のことです。

今思えば、記念すべき旅のスタートの日。だけど僕は、あの日のことをほとんど覚えていないのです。

それればかりか、あの日から何度も伊勢神宮を参拝させていただいていますが、いつもぼんやりとした記憶しか残っていません。

もしかすると、それは伊勢神宮が日本の大御祖神《おおみおやがみ》たる神社だからなのかもしれません。

「伊勢神宮が神社の中心だから、そこにさえ行けばいいんだ」というわけではなく「他の多くの神社へ参拝してこそ、伊勢神宮が神宮たる意味がわかるのではないか？」と思うのです。

中心とは、それ以外のものを多く知ることで、その存在の意味がよりよくわかるものだと思います。

もちろん、これは神社巡拝家の僕にとっての話。つまり伊勢神宮へ参拝させていただくたびに「他の神社へ行かなくては」と思わされるのです。

話を元に戻します。

あの日、伊勢神宮に到着して参拝を終え「せっかくなので記念になるものを」と思い御朱印を受けたというのが、正直なところです。それ以上の考えなどありませんでした。

その後、伊勢神宮の近くに鎮座する猿田彦神社にも参拝をし「さて帰るか」とバイクを走らせ始めたときのことでした。

来たときと同じ道を通り東京に戻る予定だったのですが、なぜだか帰るべき方向とは真逆の道が気になって仕方がありません。

まだ時間もあったので、自分の直感のままに走ってみることにしました。初めて通る道ばかりを走り続け、どれくらい経ったでしょうか。行きついた先は海。そこは大阪の南港でした。


コンクリートの港の先に、フェリーが停泊していました。

「これは乗るしかない」

ここまで来ると、もう選択肢はないも同然です。

「兄ちゃん、乗るなら早よしてくれよ」と係の人に促されるまま、フェリーにバイクを積み込みました。それが終わったところで、僕はやっと切符を買いに行ったのです。

直感で乗ると決めたフェリー。僕はここで初めて、その船の行き先を知りました。その船は、宮崎港を目指すものでした。


フェリーで1泊して、翌朝、僕は宮崎に上陸しました。

ここまでは直感に頼り走ってきましたが、さて困りました。宮崎県は初めてですし、目的地もありません。そこで、頭に浮かんできた地名がありました。

それは「タカチホ」。以前、宮崎出身の人から聞いたことがあり、僕が唯一知っていた宮崎県の地名でした。

ところどころでたくさんの人に行き方を聞きながら、僕は高千穂を目指して走り始めることにしました。その道中で、高千穂に神社があることも知ったのです。

その際、宮崎の人が神社のことを「じんじゃ」とは言わず「じんしゃ」と発音することも、初めて知りました。

高千穂町は、熊本県と大分県と隣り合っています。地図でいうと、ちょうど九州の真ん中あたりに位置しています。

昨日は伊勢の神宮にいたのに、今日は九州の山中にいる。それはとても不思議な感覚でした。

高千穂神社へ参拝したときのことはよく覚えています。「空気が違う」という言葉を聞いたことはありましたが、実感したのはここが初めてでした。

遠くまで来たという思いが影響していたのでしょうが、それにしても特別な場所だと感じたことを覚えています。

それに、あの日はよく晴れていて、木々や日の光からみなぎる生命力を感じることもできました。

もちろん、このときはまだ木や水、日の光に対しての気付きはありません。

しかし、ここを最初に訪れていたことは、今の僕の神社巡りに大きく影響しているでしょう。


このときの僕は知る由もないのですが、高千穂は天孫降臨《てんそんこうりん》の地と言われています。遥か昔から、信仰の地だったのです。

そして、それは今も変わることなく続いています。


伊勢神宮から東京へ戻っていたら、ここへ来ることはありませんでした。

突然の思いつきから夜中に東京を出発し、呼ばれるように参拝した伊勢神宮。さらにそこから海を渡り、山を駆けてたどり着いた高千穂神社。

家を出発したのも、走る道を決めたのも、バイクを走らせたのも、すべては僕の意思です。しかし、それだけでは説明しきれない何かを強く感じます。

自分の意思ではなく、抗えない大きな存在と力。

それに身を任せたからこそ得られた機会なのです。そして、このときの旅が、僕の1万社の神社巡りへと続いていく最初の出来事となりました。


僕はこのときのことを、あえて「引き寄せられた」と言いたいのです。

それは「おかげさま」と同じこと。自身の意思で旅をしましたが、それはそこに神社があったおかげです。

例えば日本人は古来より、大変な苦労をして収穫したお米を、神様に感謝の気持ちを込めて「おかげさまです」と捧げてきました。

僕の旅も、これを「引き寄せられた」と言わずして、なんと表現することができるでしょうか。

こうして、僕の神社巡りの果てしない旅はスタートを切ったのでした。

コラム 五

神宮、大社、神社……呼び方によって何が違うの？

全国に8万社以上も存在している神社。「伊勢神宮」「出雲大社」「嚴島神社」など、よくみるとその名前にはさまざまな種類がありますよね。

この違いは、何なのでしょうか？

神社には「大社」「宮」「社」などがあります。そのなかでも、特別なものが「神宮」です。

日本の大御祖神たる伊勢神宮。正式には「神宮」といいます。ただ、他にも「○○神宮」と呼ばれる神社が増えたので、他と区別するために、あえて「伊勢神宮」という通称で呼んでいるのです。

神宮という社号は、特別な由緒を持つ神社だけに許されたものです。本来は特別な許可がないと名乗れなかったのですが、今ではそういう経緯を持たない「神宮」と名の付く神社もあります。

由緒を調べてみるのも、楽しいですよ。

また、「大社《たいしゃ》」もかつて一般的には「杵築大社《きづきのおおやしろ》」だけを指していたそうです。「きづきのおおやしろ」。初めて聞いた神社の名前でしょうか？

実は、出雲大社のことなんです。明治時代までは、杵築大社と呼ばれていたそうです。ちなみに出雲大社は現在では多くの人に「いづもたいしゃ」と呼ばれていますが、正式には「いづもおおやしろ」といいます。

今では、諏訪大社や三嶋大社など多くの神社が「大社」と呼ばれるようになりました。

その他にも「宮」は皇族を祀った神社に許された社号だったといいます。

ちなみに「神社」の訓読みをご存知でしょうか？「かむやしろ」や「かみやしろ」と読みます。

全国に多くある天神社を「てんじんじゃ」と読みますが、「あまつかむやしろ」とも読むんですよ。「やしろ」は「屋代」に通じると言われ、神様が宿る建物のことを意味しているのだそうです。

神社巡りの意味を知り、人生の転機となった聖域

沖縄県南城市に「斎場御嶽《せーふぁーうたき》」と呼ばれている場所があります。こちらは神社ではありませんが、僕に「もう神社巡りはやめよう」とまで思わせた大切な場所なので、ぜひ紹介させてください。

神社巡りの旅で訪れた沖縄。首里城や有名な神社にも参拝させていただきました。そして帰りの飛行機に乗る前に、絶対に行きたかった場所へ行くこともできました。その場所こそ、斎場御嶽なのです。

「ウタキ」とは琉球の信仰において聖域の総称です。

今でもさまざまな場所が残されています。また、神社のことを「ウタキ」と呼んでいる人にも出会いました。

そんななか、琉球王国最高の「ウタキ」とされたのが斎場御嶽です。そのような神聖な場所に立ち入らせていただく機会を得ることができたのです。

僕は最大の敬意をはらい、見学させていただくことにしました。


斎場御嶽は、どこをとっても素晴らしかったのですが、なかでも一段と目をひく場所がありました。

眩しい光のなか、突如現れる直角三角形の影。巨石と巨石が重なり合ってできたトンネルです。その奥が、最も大切な祈りの場とされるところです。


到着したときの感覚は、素晴らしいものでした。

けれどそこに団体客が訪れ、皆それぞれに大声で話をし始めました。さらにしばらくすると、今度はあちらでもこちらでもポーズをとり、写真撮影を始めたのです。

斎場御嶽は、今や有名な観光地にもなっています。

この人たちは、何か悪いことをしているわけではありません。僕が直接、迷惑を被ったわけでもありません。

だけど、どこからか許せない気持ちが湧き上がってきました。自分がこの場所に抱いている敬意との違いに、僕は腹を立てたのでしょう。

そんなことを思いながら、僕はさらに奥へ進みました。

その祈りの場からは、海を隔てて久高島が見えました。

その場所から久高島を臨む方向は、太陽が昇る方向だそうです。古来より、ここに住む人たちが祈りを捧げてきた場所。久高島を望みながら、僕は昔の人たちが祈る姿に想いを馳せていました。

そのときです。一瞬にして、周りの人の声や音が聞こえなくなりました。と同時に、気付きともいうべき言葉が、次々に浮かんできたのです。

「毎日いろんな神社へ出向き、僕は何を探しているのだろうか？」

「太陽が今日も変わらずまた昇ったことに、感謝はできているのか？」

「何かを探し求めに行かずとも、すでにここにあるではないか？」

「毎日太陽が昇り、植物や動物の命が育まれる。これ以上に何も求めることはないのではないか？」

「何かがあるから感謝するのではなく、感謝からすべてが始まるのだ」

こんな言葉が、僕の心に浮かんできたのです。いや「聞こえてきた」と言ってもいいかもしれません。そこで僕は、こう思ったのです。

「今の言葉は、人として最も大切な何かを僕に気付かせてくれたのではないだろうか？　そうだとしたら、僕はこれ以上、神社を巡る必要などないのではないか」と……。そして、出口へと向かいました。

僕とすれ違うのは、楽しそうにポーズをきめ、写真を撮る人たち。その人たちのことも、もう気になりません。

なぜなら、こうも気付いたからです。

「人との比較もしなくていい。周りの人がどうであれ、自分が神様と向き合うことこそが何より大切なのだから」

それまでの僕は、何かを求めて神社を巡っていたのでしょう。周りの目を気にしながら、神社巡りをしていたような気がします。

しかし今、この地で気付いたのです。そして、今後はもう神社巡りをやめようと思いました。

東京へ戻ってからも、その考えに変わりはありませんでした。けれど、なぜか心は晴れません。

「これ以上ない気付きを得たはずなのに、もっともっと大切なことに、僕はまだ気付けていないような気がする……」

それから何日かが経ち、たまたま早起きをした朝のことでした。

昇る太陽を見ながら、僕はこんなふうに思ったのです。

「そうか、もはや神社巡りは自分のための旅ではないのかもしれない。これからは、人のために神社を巡ろう」

斎場御嶽で大切なことに気が付けたのも、そこへ行けたからこそ。そこで得たものを自分だけのものにしていては、それはもう気付きでもなんでもないでしょう。

「毎日の仕事が忙しい」「怪我をしていて自由に出かけられない」

世の中にはさまざまな理由で、神社に行きたくても行けない人たちがいます。

僕が神社巡りの旅で見た景色や聞き得たこと。それらはすべて、その人たちのためにあるのです。

それを人に伝えてこそ、僕の神社巡りは意味を成すのではないでしょうか。


こうして、僕の神社巡りの意味は大きく変わりました。この日を境に「自分のためではなく、誰かのために」という目的を持ち、新たなるステージへ突入したのです。

斎場御嶽は、僕の人生を次なるステージに導いてくれた大切な場所になりました。

神社界の2トップが祀られている最強神社

長崎県長崎市にある伊勢宮神社は、非常に珍しい神社です。

日本の大御祖神といえば、伊勢神宮。これは、広く知られていますよね。そして多くの人に知られているもう一社の神社が、出雲大社です。

また、伊勢神宮に祀られている神様がアマテラスで、出雲大社に祀られている神様がオオクニヌシです。

「出雲の国譲り」でお馴染みのこの2柱の神様。本来、この2柱の神様が同じ神社に祀られることは、めったにありません。

しかし、この伊勢宮神社の境内には、アマテラスをお祀りする神社とオオクニヌシをお祀りする神社の両方が存在しています。

この伊勢宮神社のように、「神社の境内に、さらに小さな神社みたいなものがいくつもあるなぁ」と、思ったことはありませんか？　実は、あれらも立派な神社なんです。近くに祀られていたけれど、管理する人がいなくなり移された神社や、もともとその土地に祀られていた神様なのです。

これらの神社を「境内社」と呼びます。

僕は普段から、御本殿を参拝させていただいた後、できる限り境内社も参拝させていただくことにしています。

僕が伊勢宮神社を訪れたのは、平成26年3月のことでした。この日も、伊勢宮神社の境内社を順に参拝させていただいていました。

するとあるお社に気付いたのです。その社紋と社殿の造りは、まさしく出雲大社のもの。僕はあまりに驚き、しばらくその光景が信じられませんでした。

神様には、ある種の「系統」があって、それぞれがバランスを保っているように思えます。先に言ったように、アマテラスとオオクニヌシが同じ境内に鎮座していることは、非常に珍しいことなのです。

すぐさま、僕は神社の人にその理由を伺いました。
ある時、伊勢宮神社の神職が足りなくなってしまった時代があったそうです。そのときに、伊勢宮神社に異動してきた神職の前の職場が出雲大社だったそう。その縁から、境内にオオクニヌシを祀る神社が建てられたそうです。

このようなエピソードがない限り、この2柱の神様が同じ境内に祀られることはないかもしれませんね。しかしどんな事情があっても、珍しいことには変わりありません。

多くの人が参拝したいと人気を集める伊勢神宮と出雲大社。この2社に同時にお参りできるのですから、伊勢宮神社は「ある意味で最強神社」と言えるのではないでしょうか。

1万社を巡った僕が感動した絶景神社

神社を訪れるときは、誰しもが心静かに身を運ぶものです。鳥居での一礼、手水舎での所作、参拝の作法などに気をつけ、境内での私語を慎まれている人も多いと思います。

しかし社殿での参拝が終わった後は気が抜けて、おしゃべりに夢中になったりしていませんか？

参拝の後にこそ、注目していただきたいポイントがあります。そこにこそ御神徳やご利益があると、僕は考えています。

本来ならば、神社や神様に背中を向けるのは良いことではありません。けれど、参拝後には感謝の気持ちを持って、神社から見える景色を眺めてみてください。

そこから見える景色こそ、とても大切なものなのです。

神社は、神様が宿られる場所です。その神様に素晴らしい景色を見ていただけるように、神社は建てられています。

参拝の際には、ぜひその景色を見落とさないでください。

高台にある神社から見える景色、海辺の神社から見える景色、都会に建つ神社から見える景色……。そのすべてに、御神徳やご利益を見出すことができるはずです。

自分の願いを一方的に伝えることを参拝とするのではなく、神社から見える景色を楽しむことまでを参拝の機会にしてみてください。きっと、新たな発見があると思いますよ。

そこでここでは、僕が1万社以上の神社を巡ってきたなかでも、特にその景色が印象深かった神社を紹介させていただきます。

◆生石神社《おうしこじんじゃ》

兵庫県の高砂市に「宝殿《ほうでん》」という名前の駅があります。なにやら意味ありげな駅名ですよね？

実は、近くにある「石の宝殿」から名付けられました。この石の宝殿が、見る者を圧倒する姿をしているのです。

宝殿駅の南西に生石神社が鎮座しています。生石神社は、拝殿はありますが御本殿がない神社なんです。それは、御神体が大きすぎて建物で覆えないから。そう、その御神体こそ「石の宝殿」なのです。石の宝殿とは、横が約6メートル、高さが約5メートル、奥行が約7メートルの巨大な石造物のことです。

神様によって造り出されたとも言われているこの御神体。地面と繋がっている部分が本体よりもずっと小さい形をしているため、石の宝殿が地面から浮いているかのような不思議な見え方をします。

また、巨大な本体の下の部分には水が張られ、その水面に本体の裏側が映って見えるので、ますます御神体が水に浮いているかのように見えるのです。この石の宝殿は、日本三奇のひとつに数えられています。

実は、生石神社は、僕が高校時代を過ごした場所のすぐ近くにあります。でも、その頃には一度も参拝をしたことがありませんでした。上京して神社巡りを始めてから、初めて参拝させていただいたのです。

近くに住んでいるときは、その貴重さに気が付かないものなのかもしれませんね。みなさんがお住まいのすぐ近くにも、見落としているとても貴重な場所があるかもしれませんよ。

◆根道《ねみち》神社

岐阜県関市に鎮座する根道神社。「こちらの神社をご存知ですか?」と聞かれ、知っていると即答する人は多くないかもしれません。

ですが「モネの池がある神社を知っていますか？」と聞かれれば、思いつく人もいるのではないでしょうか？

近ごろ、メディアや口コミで急速に有名になった池。それが根道神社の境内にある「モネの池」と呼ばれる池です。

今もその池には名前がありません。けれど池の景色が、フランスの画家、クロード・モネの絵と似ていることから、いつからか「モネの池」と呼ばれるようになったそうです。

この池こそが、絶景なんです！　なんといっても、水の透明度が尋常ではありません。鯉が泳いでいるのですが、この鯉たちがいなければ、水があることを認識できないほど透き通っています。

また、このあたりにはもともと白っぽい岩が多く、そんな特徴とさまざまな条件が重なり、モネの池の底には白い砂だけが残りました。

それにより、水の透明度とも相まって、今の景観になったようですよ。

そこへ地域の人たちが植物を植えるなどして、さらに美しさを増していきました。この池は、自然の力と地域の人たちの想いの結晶なんですね。

また、付近には、季節の植物ごとの見どころを案内した看板などがあります。これも、地域の人たちによる手作りのようでした。

誰もが気軽に行ける場所ではないかもしれませんが、その景色に出会ったときの感動はひとしおです。

神社ではなく境内にある池のことですが、それも含めて御神徳と言えるのではないでしょうか。

◆伊古奈比咩命《いこなひめのみこと》神社

伊豆半島の南部に位置する静岡県下田市。その海沿いの地に、伊古奈比咩命神社が鎮座しています。

通称は、伊豆白浜神社といいます。通称が示しているように、白浜海岸という海水浴場がすぐ近くにあります。

僕が参拝させていただいたのは、とても暑い夏の日でした。

参拝を終え社殿の横を見ると、海岸への道が続いていました。僕は海風が吹いてくる方へ、呼ばれるように進んでいきました。小径を抜けると、青々と光るパノラマの海が広がっていました。

島国の日本には、海に面した神社や、このような海の景色はありふれているのかもしれません。だけど、僕と海との間には特別なものがありました。

それは2つの岩場を結ぶ注連縄と、その片方の岩場に建てられた朱い鳥居です。ありふれたものかもしれない海の景色も、注連縄と鳥居越しに見れば、神聖な景色に思えてなりません。

鳥居のなかには、水平線までの海を切り取ったかのような光景が広がっていました。鳥居の外に見える海と同じ海なのに、どういうわけか、そこだけが違う世界のように感じられました。

ここは、伊古奈比咩命神社の大切なお祭りが行われる場所です。ずっとずっと昔に、鳥居を建て注連縄を張った人は、この地に神を見出さずにはいられなかったのでしょうね。

潮風と波の音に時間も忘れて立っていたあの日のことを、僕は今でもよく覚えています。

◆高屋敷稲荷《たかやしきいなり》神社

舞木駅という小さな駅が、福島県の郡山市にあります。そこから数キロのところに、高屋敷稲荷神社があります。

名前の通り、小高い丘の上に神社はありました。そして、そこへ向かう坂には、何基もの鳥居が連なっていました。

近代的な建物は、周りにほとんどありません。丘の上の神社とそれに続く何基もの鳥居は、とても心の落ち着く風景です。

現在は、鳥居の道を迂回するように舗装された道路が敷かれています。

神職に伺うと、昔は駅まで数キロにわたり鳥居が続いていたそうです。舗装された道路や自動車がない時代は、その道に大勢の往来があったといいます。

今はほとんど使われず、鳥居の数も減ったその道。しかしその道にはかつて、この地域の人たちの切実なる願いが込められていたのです。

高屋敷稲荷神社に参拝した際、僕は神職にあるファイルを見せていただきました。そこにはなぜか千社札が数多く収納されていたのです。

聞けばそれはその昔、戦地へ行かなければならない家族や知人の無事を願い、人々が神社の鳥居に貼った千社札だそう。鳥居が取り壊される際に、そこに貼られていた札を、神職が大事に取っておいたのだそうです。

僕がそのファイルをめくっていくと、一か所だけ札が収められていない空白の箇所がありました。どうやら、そこにあった札が後に取り出されたように見えます。

その空白の箇所には、こんなストーリーが隠されていました。

ある日、高屋敷稲荷神社を老婆が訪ねてきたそうです。かつてあった鳥居に貼られていた千社札を見せてほしいとのこと。神社の方は、不思議に思いながらもファイルを差し出しました。

淡々とファイルのページをめくる老婆に、何も話しかけられず、待つことしかできなかったといいます。

そして、とあるページで老婆は手をとめました。

そのページにあった千社札は、なんと老婆の夫が戦地に赴く際に貼ったものだったそうです。

残念ながら、夫は帰ってきませんでしたが、それから何十年も経ったある日、千社札のことを思い出した老婆が神社を訪ねてきたのです。そして千社札は、永い時を経て、妻の元へ帰っていきました。

今は、千社札が貼られた鳥居はありません。けれどその場所には今でも、かつて家族や知人の無事を祈り札を奉納した人たちの切なる想いが残っているのかもしれません。

鳥居が小高い丘の上の神社へ続く風景に、あなたにも出会ってほしいと思っています。

◆赤神《あかがみ》神社

ナマハゲで有名な、秋田県の男鹿市。そこを旅したのは、平成26年の11月のことでした。

その日は、これぞ日本海というほどの強風に白波がたっていました。駐車場に停めた僕の自動車も、転倒してしまいそうなほど揺れています。

そんな強風のなか、駐車場からのびる階段を上っていきました。僕の他には誰もいません。

聞こえるのは、風の唸る音。見えるのは、永遠に続くかのように思える長い長い石の階段だけです。

いつしか僕は足元にある階段に目を落としていました。この石段は999段あるといわれ、そのすべてを鬼が一夜にして積み上げたという伝説が残っています。

その長い石段を無心で上り、どれだけの時間が経ったでしょうか。階段が終わり、僕は前を向きました。

そこに広がっていたのは、神社としては変わった光景でした。

この赤神神社には、社堂が5棟建っている五社堂と呼ばれるものがあります。これは神社としては非常に珍しい光景です。

昔は神仏習合と言って、神社とお寺の信仰が合わさっていました。赤神神社もそうだったようで、この光景はその名残です。

約1000段もの階段を上りきった後に僕を迎えてくれた五社堂の姿は、まさに圧巻。並び建つ社堂は、上ってきた疲れが吹き飛ぶくらいの存在感を放っていました。

また、男鹿市といえば「ナマハゲ」が有名ですが、昔は今のような姿ではなかったと聞きました。赤神神社の鬼の伝説といつしか合わさっていき、ナマハゲも鬼のような姿になったそうです。

もちろん、僕はこちらの神社から見た景色にも手を合わせてきました。

あなたが、もし参拝する機会に恵まれたのなら、ぜひ赤神神社の五社堂の光景と、そこから見える景色も楽しんできてくださいね。

神社は、神様に素晴らしい景色をお見せするように建てられています。

あなたがその意味を忘れないでいれば、きっとそこから望む景色のすべてにもご利益を見出すことができるはずです。

おわりに

ご利益とは、神社へ行った人だけが受けられるものなのでしょうか？

僕は、そんなことは絶対にないと考えています。もしそうだと言われてしまったら、さまざまな事情があり、神社に行きたくても行けない人はどうすればいいのでしょう。

僕は、ご利益とは「参拝したときには、すでに受けているもの」だと思っているのです。

神社へとつながる道は、誰かが過去にその道を歩き、切り拓いてくれたからこそできた道です。

神社への道中に乗った電車は、運転手さんがいてくれたから動きました。

さらに、誰かが語り継いでくれたおかげで、そこに神社があることを、あなたは知ったはずなのです。

自分ひとりだけでは、その神社へはたどり着かなかったことでしょう。

これを、ご利益と言わずして何と呼ぶのでしょうか。
神社へ行ったからご利益があるのではなく、参拝したときにはすでに受けているのです。さらに言えば「行きたい」と、あなたがその神社を知ったときには、もうすでにご利益を受けているのかもしれません。

本書では、全国津々浦々、1万社以上の神社を巡ってきた僕のこれまでの経験をもとに、僕なりの考えを綴らせていただきました。

でも、だからといって「絶対にこの神社でなくてはいけない」ということではないのです。
開運をもたらし、あやかりを受けられる神社は、みなさん一人ひとりのなかにあるもの。どこかひとつの神社にあるわけではないのです。

あなたが、あなたなりの「開運神社」「あやかり神社」に出会えますように。
僕の経験が、少しでもそのためのヒントになれば、嬉しく思います。

この本をあなたが読んでくれたことで、僕の今までの人生に意味が生まれました。そして、神社を巡ってきて本当に良かったと、心から思うことができました。ありがとうございます。

今この瞬間も、僕はまたどこかの神社を参拝しているかもしれません。

きっと次にお会いしたときには、新たなる発見や気付きの話ができることでしょう。その日まで、僕は神社を巡り続けます。

あなたも、どうかその日までお元気で。

平成31年4月　神社巡拝家・佐々木優太

装丁——横山　希
撮影——高田太郎
構成——磯部麻衣
校閲——谷田和夫
編集——小嶋美樹（双葉社）
協力——株式会社ジョーリーアンリミテッド

佐々木優太 Yuta Sasaki

昭和59年7月7日生まれ、兵庫県出身。神社巡拝家・ラジオパーソナリティー。26歳のとき、夜中に突然、「今から伊勢神宮に行かなければ」との思いに駆られ、参拝。その日以来、全国各地の神社を巡る日々が始まり、これまで参拝した神社の数は1万以上、拝受した御朱印は3600を超える。神社の歴史や文化への造詣も深く、神職や一般の方に向けた講演会活動なども行う。

全国《ぜんこく》1万社《まんしゃ》を巡《めぐ》った僕《ぼく》が見《み》つけた

開運《かいうん》! あやかり神社《じんじゃ》

2019年4月21日 第一刷発行

著者 佐《さ》々《さ》木《き》優《ゆう》太《た》

発行者 島野浩二

発行所 株式会社双葉社

〒162-8540 東京都新宿区東五軒町3番28号

TEL 03-5261-4818(営業)

TEL 03-5261-4868(編集)

http://www.futabasha.co.jp/

(双葉社の書籍、コミック、ムックが買えます)

印刷所 中央精版印刷株式会社

製本所 中央精版印刷株式会社

ISBN978-4-575-31450-2 C0076